それでも昭和なニッポン

100年の呪縛が衰退を加速する

大橋牧人

日経プレミアシリーズ

「田所先生……」突然首相が声をかけた。「為政者として、相当な覚悟を、といわれたが、どの程度のことを考えておいたらいいのでしょう?」
「さっきもいったでしょう。まだはっきりしたことはいえない……」田所博士はちょっと肩をすくめた。「だが、日本が壊滅する場合も想定しておいたほうが、いいかもしれん。——場合によっては、日本が、、、なくなってしまうことも……」

小松左京『日本沈没』（角川文庫）より

はじめに　「昭和的システム」という呪縛

2024年1月、1本のテレビドラマがスタートし、次第に「面白い」と評判を取っていった。3月末に終了する頃には、ブームと言ってもいいほどの人気番組になった。『ふてほど』こと『不適切にもほどがある！』（TBS系）である。

このドラマでは、ゴリゴリの昭和気質の中年男が昭和61年（1986年）から令和6年（2024年）にタイムスリップし、その発言や行動がとんでもなく不適切だ、と視聴者を笑わせた。しかし、物語が進むうちに、パワハラや個人情報保護への過度な対応など、今の日本社会を覆うギスギスした空気について主人公が「気持ち悪い」などと疑問の声を上げると、見ている側が逆にハッとさせられる、という仕掛けだった。

まさに、今の日本人の多くが感じている閉塞感《へいそく》を、38年前の古い社会状況と対比して浮かび上がらせた、優れた作品だった。

ただ、このドラマを見ていて、もう一つ感じたのは、今の社会は、38年も経《た》っても、あまり変わっていないのではないかということだった。ドラマが進むにつれて、今日、私たちが抱える問題の多くは、昭和時代からそのまま残されてきたような気がしてきた。

もっと言えば、横並び至上主義、必要以上に場の空気を読む、一度失敗するとなかなか復活できない、出る杭はすぐに打たれる……といった問題は、より深刻になっているように思える。これらを改善しないままに、ここまで来てしまったことが、今の日本の停滞の原因ではないか。

昭和時代にはなかったスマートフォンや人工知能（ＡＩ）がいくら普及しても、それでもまだまだ「昭和なニッポン」。本書はその悪弊と正面から向き合い、対応策を打っていくことを提案するものだ。

１００万円を1年間預けても利息はわずか２００円

日本経済は２０２４年春先までに大きな節目を迎えた。日経平均株価が2月22日、１９８９年末以来の史上最高値を更新し、３月に入ると、４万円台に突入した。市場関係者やメディアの一部は、「バブル後」という時代は終わったと囃《はや》し立てたが、果たして、そんなに喜んでいいのだろうか。

2024年3月19日には、日銀がマイナス金利政策の解除を決めた。それを受けて、大手都銀が預金金利の引き上げに動いた。まず、三菱UFJ銀行と三井住友銀行が、同日中に普通預金の金利をそれまでの0・001%から0・02%に引き上げると発表。マスコミは「預金金利が20倍に！」と書き立てた。20倍には違いないが、100万円を1年預けて10円の利息が200円になったに過ぎない。

あるメガバンクのサイトを覗くと、若い女性が明るい空を見上げているイラストに「金利のある世界がついにきた」「定期預金、はじめてみようかな」と題したページが現れる。これまで、定期預金など考えたことのない若者層を呼び込もうと意欲満々だ。

ここまで宣伝するなら、どれほどの優遇金利があるのかと、サイトの奥のほうにある金利一覧を見ると、100万円を1年間預けた場合、0・025%である。利息は250円。普通預金にしろ、定期預金にしろ、利息はATMを時間外で1回使えばなくなる程度の金額だ。欧米などではありえないような低金利には変わりがない。

この程度の金利引き上げで、喜んで預金してくれると思われているとしたら、預金者もずいぶん見くびられたものだ。

バブル経済の崩壊以降、預金金利は急速に低下し、ついには、預金通帳についたシミ程度、と揶揄《やゆ》されるほどになった。それでも、物価がほとんど上がらなかったため、預金者からそれほど文句は出なかった。最近のように、物価が上がり出している状態でも、預金者は低い金利に慣れきっているから大丈夫、と高を括《くく》っているのではないか。

ＧＤＰはドイツに抜かれ、間もなくインドにも抜かれる

この30数年の間に、昭和は終わり、平成も終わり、令和も6年目に入った。日本経済は、ピカピカの先進国ナンバー2から転落し続け、今や、ドル建ての名目国内総生産（ＧＤＰ）は中国に続き人口が日本の3分の2のドイツにも抜かれて世界第4位（２０２３年）だ。日本は、１９６８年に国民総生産（ＧＮＰ）で当時の西ドイツを抜いて、米国に次ぐ世界第2位になったが、半世紀余り経って抜き返された。

図表0-1 名目GDP上位6カ国の推移

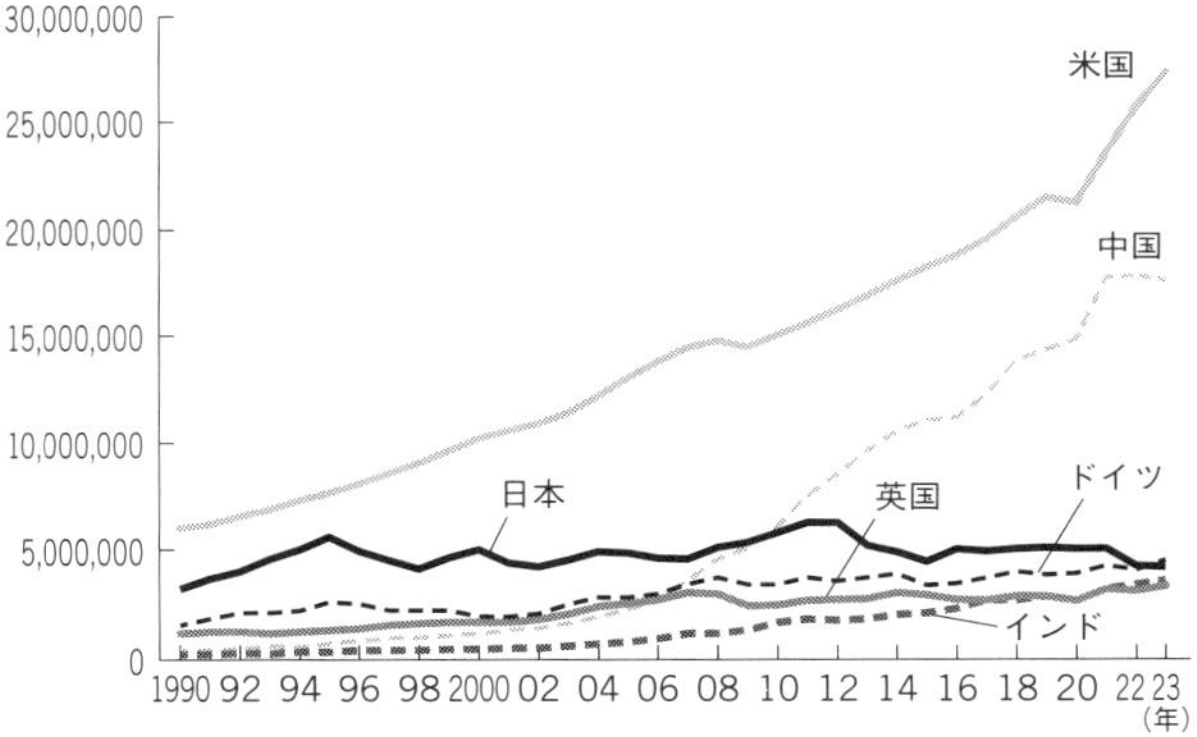

（出所）IMF統計より筆者作成。2023年は推計値を含む。単位は百万USドル

それだけではない。国際通貨基金（ＩＭＦ）によると、２０２５年には、インドにも抜かれ、名目ＧＤＰで世界第５位に後退する見込みだ。

この間、高い成長を遂げたのは中国やインド、韓国だけではない。米国のＧＤＰも、１９９０年から２０２１年の間に約３・86倍まで伸びた。大胆な減税政策が金融市場の混乱を招き、24年7月の政権交代の遠因となった英国でも約２・67倍。それに比べて日本は？　わずか１・５倍余りでしかない。平成の30年余りの間に、日本は主要国から完全に置いていかれてしまったのだ。

図表0-2　日本の株価は長期で横ばい

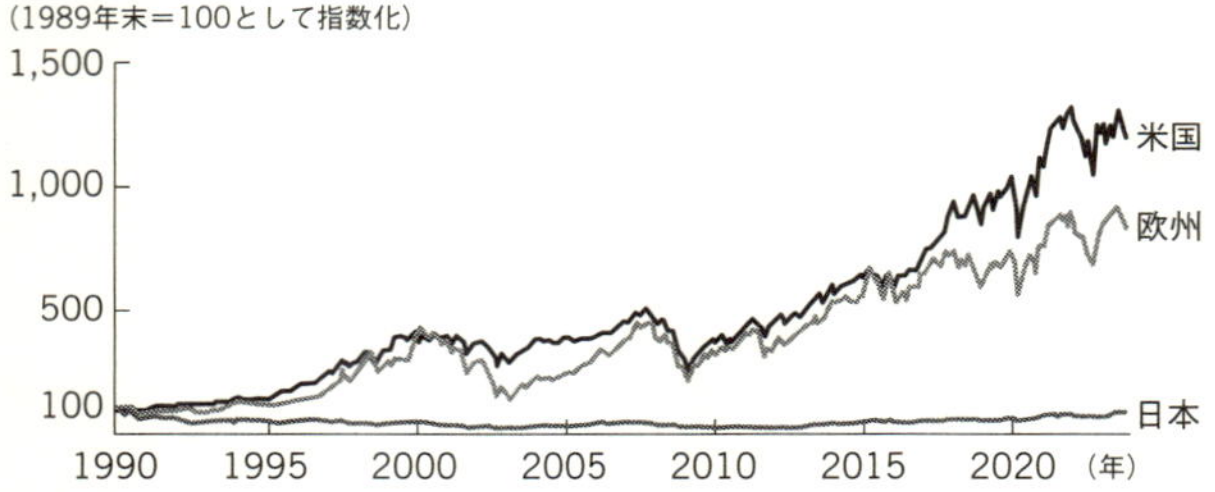

（注）日本は日経平均、米国はダウ工業株30種平均、欧州はドイツ株式指数（DAX）
（出所）日経電子版2024年1月9日「日経平均33年ぶり高値　日本株は復活したか」

政府も企業も労組も ぬるま湯に浸ってきた

今から振り返れば、バブル経済は、昭和が終わった１９８９年の年末にピークをつけ、同時に、戦後日本経済の高度成長も終わった。しかし、その後、政府も多くの企業もメディアも、毎年、毎年、ただカレンダーを捲《めく》り続け、大した改革もせず、似たような日々を繰り返してきた。あたかも、まだ、昭和の延長であるかのように。その結果、いつの間にか、平均賃金も先進７カ国中最低レベルに落ち込んだ。大企業を中心とした大幅賃上げは、ようやく２０２３年、24年になってからだ。

日本は、昭和が終わった後の30数年間、豊かさというぬるま湯に浸っているうちに、目に見えて下り坂の国になってきた。明るい話題は、外国人訪問客で賑わう観光関係くらいだ。客観的にみて、日本は先進国から後退し、せいぜい中進国に向かって転げ落ちようとしている。

「昭和100年で戦後80年」という二重の転換点

太平洋戦争の戦時体制で導入され、強化された様々な社会経済の仕組みの多くが戦後も生き残った。野口悠紀雄・一橋大名誉教授は、これを「1940年体制」と名付け、官僚が主導する中央集権的財政体制や年功序列などの企業経営の手法などが、日本的なシステムとして、戦後何十年経っても残っていると指摘した。

それに加えて、戦後の日本を高度成長させた政治・行政、経済・産業、社会・文化の仕掛けの多くも生き残った。例えば、政府は主要な産業に、関税や非関税障壁といわれる各種の規制を設けて外国製品の輸入増を防ぎ、護送船団方式で〝みんな一緒に成長〟させてきた。こういうやり方は、高度成長が終わっても、業界団体を通じた行政指導などとして残存している。

こうした古い日本的システムの大半が賞味期限切れとなっているにも拘《かかわ》らず、既得権が優先されるなど、そのまま残され、本質的には、あまり変わっていない。それが原因で、日本は、先進諸国から取り残され、国のあちこちにガタが来ている。

２０２５年は、「昭和１００年」に当たる。同時に、明治維新から昭和20年の敗戦までの期間とほぼ同じ「戦後80年」の年でもある。日本という国は今、昭和のシステムという「呪縛」から抜け切れず、戦後の成功体験を支えた体制にも「金属疲労」が来ている。私たちの社会は、二重の意味で大きな転換点を迎えているのではないか。

折しも、２０２３年あたりから、自民党の派閥裏金事件、大手自動車メーカーなどで相次ぐ重大な品質認証不正問題、旧ジャニーズ事務所創業者による児童性加害問題、宝塚歌劇団の俳優の自死と劇団のパワハラ体質、日大アメリカンフットボール部の薬物事件……といった社会を揺るがす大きな出来事が続発。政治、経済、社会、芸能、スポーツといった多くの分野で、それまで長い間、蓋《ふた》をされてきた諸問題が、まるで地中に眠っていた古い地雷のように、相次いで破裂している。

最新の破裂の例は、２０２４年8月、旧盆の最中に起きた岸田文雄首相の事実上の退陣表明だろう。自民党の派閥裏金事件に端を発した「政治とカネ」の問題への国民の怒りが収まらず、9月の党総裁選への出馬を断念せざるを得なかった。

破裂する〝闇〟の多くは、昭和時代から続いてきた問題だ。この動きを終わりの始まりと諦《あきら》めるのか、新生ニッポンのスタート地点とするのか――。

筆者は昭和の後半、高度成長期に新聞記者になった。日本経済新聞の東京、大阪の社会部で、警視庁や大阪府警などを担当。日経がスクープしたKDD事件では、取材班の一員として夜討ち朝駆けに明け暮れた。宮内庁担当の時は、現天皇陛下の英国留学を特報。日経ビジネス記者を経て、日経新聞のシンガポール支局長としてアジア各地を取材した。

その後、長野支局長、大阪地方部長として地方の経済社会の報道に当たった。編集委員としては、社会部や若者向け紙面のNIKKEI X編集部、生活情報部で取材した。テレビ愛知では、テレビ業界と地方メディアの置かれた状況を目の当たりにした。

記者としての原点は社会部だと自覚している。中でも、世相の移り変わりを見つめる「トレンド・ウオッチ」に関心を持ち続けてきた。

今回、経済や政治、文化の専門家でもないのに、幅広く奥深いテーマを選んだことは、筆者にとって大きな挑戦だ。それにも拘らず、執筆に踏み切ったのは、駆け出しの頃、先輩から言われた「社会部の取材対象は森羅万象だから、何を取材してもいいんだ」という言葉がずっと頭にあったからだ。いつも、何であれ、面白いと思ったことには、好奇心の赴くままに首を突っ込んできた。本書でも、その思いが原動力になった。

日本は今、歴史的に厳しい局面に向かいつつある。それでも、まだ、再生のチャンスはあるはずだ。「昭和100年」「戦後80年」という2つのプリズムを通して、この国が抱える課題の本質と打開策に迫る。

大橋　牧人

2024年8月

目　次

製造業偏重で日本版ＧＡＦＡＭは育たず
日本人に宿泊は無理
１泊10万円のラグジュアリーホテル
英国の「旅行費用が安い都市ランキング」で東京は４位
「訪日外国人からの収入は、もう限界に来ている」
上意下達、硬直的な組織のＪＴＣが生き残る企業社会
「朝礼、朝会がある」会社は、いまだに半数を占める
米テック大手の日本進出ラッシュは「黒船」か
80年代、90年代の東南アジアに重なるイメージ

第2章 大企業の「昭和体質」が存亡の危機を生む

破裂する昭和の〝闇〟❶

40年も前から起きていた？ ＩＨＩ子会社の認証不正
トヨタ子会社３社の認証不正　まるで3兄弟のような相似形

ご本社は大儲け、子会社の現場は追い詰められ、不正に走る
「ブルータスお前もか」「完璧な会社じゃない」と釈明するトップ
下請法に違反して金を搾り取り、税優遇の資格喪失
大きな話題を呼んだビッグモーターの昭和式パワハラ
背後にあるのは損害保険業界の深い〝闇〟
東京五輪に汚点残した昭和型の汚職、談合事件

第3章 政治とカネの不純な関係、行政の時代遅れ

破裂する昭和の〝闇〟❷

岸田首相の退場を招いたもの
日々の暮らしの苦しさが増し、広がる静かな怒り
政治は数、数はカネ、カネがなければ選挙に勝てぬ
自民党青年局の昭和的スキャンダル　議員さんは気楽な稼業？
全能感に囚われた〝大統領〟には、逆らえない

第4章

静かに確実に崩れ始めた安全ニッポン

破裂する昭和の〝闇〟❸

自治体で目立つパワハラ、セクハラと「昭和の弊害」
いつまでも昭和式から進歩しない災害対策
ベルトコンベアで紙を運ぶ役所　大型イベント開催にはご執心
日本版ライドシェア導入は、タクシー業界の権益を守るため？
のどかな山間部の〝ポツンと一軒家〟が狙われる
錆びついてきた「安全神話」　米国に近づく要人テロ
G7広島サミット参加国からは不安の声も出た
「日本社会は安全」という思い込み
有名人を騙る詐欺広告で老後資金を失う不条理
それでも米SNS大手はなかなか対策を打たない
投資詐欺がなくならないのは、投資教育の欠如が原因

第6章 二重の歴史的転換点に立つ意味

不祥事が途切れない日本大の「マッチョな体育会系」体質

肝心なところでガバナンスが失われる昭和型組織の悪い面

大相撲で繰り返される暴力問題の〝闇〟

髪形自由、エンジョイ・ベースボールで新風吹き込んだ慶応高

「昭和100年で戦後80年」という巡り合わせ

フリードマンの80年・50年周期説に照らし合わせると……

「護送船団方式」も「行政指導」も健在

農協は何のためにある？　農林中金の外債投資失敗への違和感

メード・イン・ジャパンが受けたのは安くて品質がまずまず良いから

ルイ・ヴィトンもグッチもポルシェも生まれない国

まだ、アジアのリーダー？　日本の実像を正視する時

高度成長時代の遺産を食いつぶす国へ

第1章

デジタル化に乗り遅れた日本

昭和から代わり映えしない日本の時価総額トップ10

「日経平均が34年ぶりの最高値」というニュースの意味は、それまでの30年余り、株価のグラフはずっと上向かず、底を這《は》い続けてきたということだ。その間、他の先進国や中国、韓国、台湾などの株価は、着実に右肩上がりで伸びてきた。

つまり、他国・地域の企業が徐々に時価総額を増やし、株主の富も増えていったのとは対照的に、日本の投資家はあまりにも長い間、指をくわえている状態を余儀なくされていた、という情けない話だ。

日本企業の時価総額ベスト10（2024年8月5日現在、日本経済新聞社調べ）には、トヨタ自動車や三菱ＵＦＪフィナンシャル・グループ、ソニーグループ、ＮＴＴ、日立製作所など、昭和時代からトップクラスに君臨する企業の名前がずらりと並ぶ。

米国の株式市場では、自動車や金融、電話といった伝統産業の名門企業は軒並み圏外だ（同）。代わって、ＧＡＦＡＭ（アルファベット、アップル、メタ・プラットフォームズ、アマゾン・ドット・コム、マイクロソフト）やエヌビディアなどの新興企業が上位にズラリと並ぶ。
日本勢が「昔の名前で出ている」企業群が中心であるのに対し、米国勢は「時代の流れを

図表1-1　日米の時価総額トップ10を比べてみると…

日本企業の時価総額ベスト10

1	トヨタ自動車
2	三菱UFJフィナンシャル・グループ
3	ソニーグループ
4	日本電信電話
5	キーエンス
6	日立製作所
7	リクルートホールディングス
8	ファーストリテイリング
9	三井住友フィナンシャルグループ
10	信越化学工業

米国企業の時価総額ベスト10

1	アップル
2	マイクロソフト
3	エヌビディア
4	アマゾン・ドット・コム
5	メタ・プラットフォームズA
6	アルファベットA
7	アルファベットC
8	イーライリリー
9	ブロードコム
10	テスラ

（注）2024年8月5日終値時点

創り出す」企業群、と好対照をなしている。

米国のトップ企業の大半は、ものづくりというよりサービス業に近いテック企業である。首位のアップルは、スマホのｉＰｈｏｎｅで世界を席巻しているが、今や儲け頭は、サービス分野だ。ＡＩ分野でも主要プレーヤーの一角を占めるべく巨額の投資を続けている。２位のマイクロソフトは、ＧＡＦＡＭの中では古手の企業で、パソコンのＯＳで一大帝国を築いた。だが、最近のＡＩブームの中では、いち早く生成ＡＩのＣｈａｔ（チャット）ＧＰＴを開発したオープンＡＩに巨額の出資をするなど先頭を走り、時価総額を増やした。３位はゲーム機用半導体メーカーからＡＩ向け半導体に大きく舵を切り、トップメーカーとして、半導体メーカー全体でも最大手になったエヌビディアだ。

米国のトップクラス企業をみていると、一つの分野での成功に甘んじず、次から次へと新たな有望分野に果敢に挑戦し、ダイナミックに変身しながら急成長を遂げている。それに比べて、我らが日本企業はどうだろうか。多くは、戦後の高度成長時代に輸出で急成長した製造業や、それを支えた金融業、インフラを担った元国営独占企業……。いずれも、この30年余りの間に、それぞれの企業の中で稼ぎ頭が変わったという話は聞かない。

プロ野球に例えれば、日本代表チームは、いつまで経っても、中心メンバーはベテランばかりで変わらず、多少の入れ替えがあっただけ。米国代表チームは、ほとんどの主力メンバーが若い強打者に入れ替わっている。まるで、米国企業が雪氷を越えてヒマラヤの高峰に挑むのに対し、日本の大手企業は、大半が富士山の麓の温泉で寛《くつろ》いでいるようにみえる、とは言い過ぎだろうか。

春闘の満額回答は労組の勲章ではない

2024年の春闘では、23年に続き、多くの大企業が労組の要求に対し満額回答を出し、一部では、労組の要求を超える回答も出た。岸田文雄首相も「賃金と物価の好循環に入ってきた」と喜んだ。

だが、厚生労働省が2024年7月に発表した、5月の物価を考慮した実質賃金は、前年同月から1・4%減少した。マイナスは26カ月連続で過去最長。物価の伸びに賃金が追いついていない。

春闘の結果について、日本航空など数多《あまた》の企業の再生に当たってきた経営共創基盤グループ会長の冨山和彦氏は、労組の闘い方が生温《なまぬる》い、と一喝する。満額回答は、労組にとって勲章ではなく、要求自体が低すぎる象徴、というわけだ。

「労組は、雇用の安定を優先して賃上げ要求を抑制する、デフレ的な昭和の発想から抜けきれていない」（2024年3月27日、日本記者クラブでの記者会見）

冨山氏によれば、春闘そのものが、昭和的プロセスである。かつてとは違い、雇用者全体に占める労組のカバー率は2割ほどに落ち込んでおり、一般国民とはあまり関係がない。その証拠に、最近ヒットしているテレビドラマの主人公には、かつてのようなホワイトカラーの会社員がほとんどいない、と指摘する。

労組が及び腰である理由については、「（労使協調で、賃上げ要求も生温いのは）昭和モデルはとっくに終わっているのだが、一気に変えられないので、安定を選んだのではないか」とみる。

戦後、頻発《ひんぱつ》したストライキも、最近はほとんど話題に上らなくなった。2023年8月に、親会社のセブン&アイ・ホールディングスによるそごう・西武の売却に反対し、そごう・西武労組が西武池袋本店でストを決行して、全館が臨時休業になった。

ストは1日で終わったが、大手百貨店では、実に61年ぶりの出来事で、大きなニュースになった。店の前では、休業を知らずに来店した人たちが「ストライキ決行中！」といったプラカードを掲げる組合員の姿を物珍しそうに眺めていた。

日本の労組は、欧米とは違って、企業別組合が基本である。多くの労組は、戦後の高度成長の過程で、会社とは持ちつ持たれつの関係になった。

会社に対して厳しい要求はほとんどしなくなり、物分かりの良い存在だ。その姿勢が定着するにつれ、労組にとって最大の活動である春闘も形骸化し、春闘不要論さえ出ていた。

冨山氏は「労組は、賃上げ要求10％くらい掲げて、もっと闘うべきだろう」と叱咤《しった》する。長いデフレ経済が終わり、物価が上がって、多少の賃上げでは実質賃金がプラスにならない時代に入りつつあるのに、バブル経済崩壊以降のような及び腰では、景気の好循環など生まれないというわけだ。

「デジタル小作人」に成り下がった日本の企業と消費者

最近、「デジタル小作人」はたまた「デジタル農奴」などという屈辱的な言葉をメディアで目にするようになった。

ＩＴやデジタル化が急速に普及するにつれ、デジタル関係の出費が増えている。いつの間にか、日本人の大半は、老いも若きも米国企業のデジタル空間の利用権を借りて畑を耕す（仕事をしたり遊んだりする）小作人、もっと酷《ひど》い言い方をすれば、いくら稼いでも、大半を巻き上げられる農奴のような立場になっている、というわけだ。

日本人の多くは、ｉＰｈｏｎｅやＡｎｄｒｏｉｄ系スマホで電話やメール、ＬＩＮＥを使い、グーグルで検索し、インスタグラムやティックトック（中高年はフェイスブック）、ネットフリックスやユーチューブで動画を見る……。

これらを使うことで、ほとんどの場合、米国の巨大テック企業にチャリンチャリンと入金される。

個人だけではない。紙やファクスにこだわってきたアナログ企業が、世の中の流れに遅れまいと、ネット中心のデジタルトランスフォーメーション（ＤＸ）に舵を切れば、たちまち、個人とは桁違いのデジタル経費がのし掛かってくる。

専門・経営コンサルティングサービスや情報サービス、通信サービス、コンピューター

図表1-2　デジタル赤字が国際収支を押し下げ
(2023年の主要分野別国際収支)

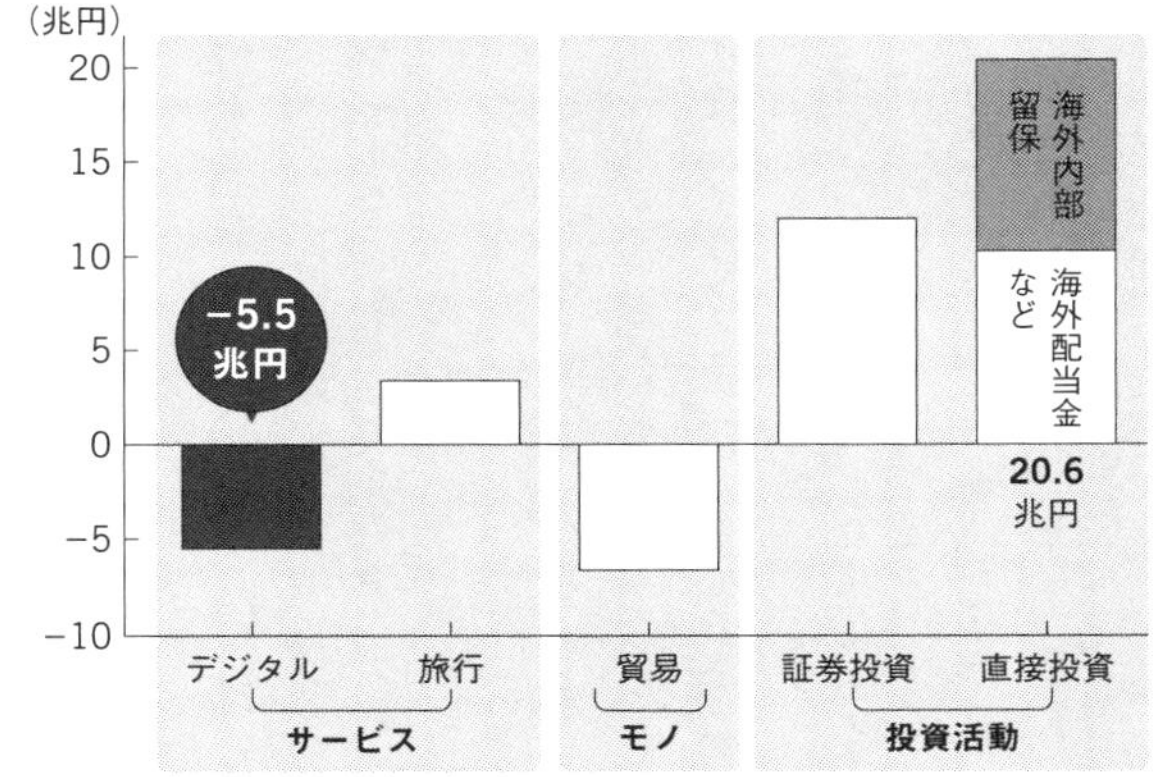

(出所) 日経電子版2024年2月8日「デジタル赤字、23年5.5兆円に拡大　海外投資も還流弱く」

サービス、著作権等使用料など、その総額は膨大で、三菱総合研究所の推計では、２０２３年に５・５兆円にも上る。

ＡＩ時代に入って、この「デジタル赤字」には、限界が見えない。これが日本経済のサービス貿易の赤字を年々、増やし続ける。

日本円の価値もここ数年、ジリ貧状態だ。ドル円相場は、２０２１年初めには１ドル約１０３円だったが、22年初めには約１１５円と大幅に円安に振れ、23年初めには同約１３１円、24年は同約１４１円となった。春先には、１５０円の壁を突破し、ゴールデンウィーク前には160円にまでタッチした。その後、円高に振れたが、8月15日現在、同約149円まで戻った。

資本逃避は既に起きている

この円安の傾向は、一時的なものなのか、それとも、長い目でみれば、大きなトレンドなのか。

このテーマについて、以前から発言を続けている、唐鎌大輔みずほ銀行チーフマーケット・エコノミストに訊《き》いた。

唐鎌氏は、2022年に、著書の『「強い円」はどこへ行ったのか』（日経プレミアシリーズ）で、円安は、日米金利差だけではなく、貿易収支の赤字など、日本経済が抱える構造問題が大きい、と述べている。さらに円安が進む現状をどうみるか、尋ねた。

「問題の本質は変わっていないと思います。変わったのは、世論です。当時は、『構造論』は時期尚早と批判されました。しかし、最近、世間の見方が変わってきた。2024年3月に財務省が『国際収支に関する懇談会』を発足させたのも、その一例です。第1回の会合に私も委員として出席して議論しましたが、国際収支の構造変化にまつわる議論が行政の仕事の中で格上げされた、と感じました」

貿易収支は、戦後ほぼ一貫して黒字だったが、２０１１年、12年から22年にかけて貿易収支が赤字基調に転落したことが、長い目でみた円安の背景にある、というのが唐鎌氏の持論だ。

「それまで、長く円高に痛めつけられた製造業の多くが生産拠点を海外へ移転し、輸出が減少しました。日本は人口が減り始めていたし、雇用規制も海外に比べて厳しい。そこへ起きた東日本大震災が決定打になったという感じですね。２０１２年は、第２次安倍晋三政権が発足して、アベノミクスを掲げ、13年３月に就任した黒田東彦日銀総裁（当時）の黒田バズーカとあいまって、あたかも安倍・黒田路線が円安をもたらしたとみられていますが、その直前からあった貿易黒字の消失が背景としては大きいでしょう」

『「強い円」はどこへ行ったのか』では、本当に恐るべきは「家計の円売り」と警告していた。２０２４年から新ＮＩＳＡが始まって以降、普通の人々が「投資先は、オルカン（全世界株型投資信託の略称）がいいか、Ｓ＆Ｐ５００（米国主要株型投資信託）か」などと話題にするようになった。大規模な円売りにつながる、家計から海外への大きなキャピタルフライト（資本逃避）は起こるのだろうか。

「もう起きていると思います。今年（2024年）の1月から4月までに買われた外国の有価証券を対象にした投資信託の金額は、4・3兆円です。昨年1年間で4・5兆円ですから、このままだと、今年だけで3年分の円売りが出ることになります。これは『緩やかなキャピタルフライト』が起きていると言って差し支えないように思います」

戦後、高度成長の中、2010年まで営々と積み上げてきた日本の貿易黒字は、11年に赤字に転換し、以来、赤字基調が続き、貿易では稼げない国になってきた。

それに対し、政府も企業も手を拱《こまぬ》いているうちに、ここ2、3年、じわじわと円安が進行して長年のデフレが終わり、エネルギーや食料品などを中心にインフレが始まった。多少、賃金が上がっても、物価上昇で打ち消され、実質的な賃金は2年以上も低下している。

そこへ、一定の額の投資の利益には所得税をかけないというNISAを大幅拡大する新NISAを始めたところ、「多数の国民の資金が米国株や米国株の投資信託に流れ込む事態」（唐鎌氏）になっている。

この動きは、国民による経済的な〝蜂起〟の始まりではないか。

かつて、東南アジアの一角を占める軍事政権下の国で、ベテランジャーナリストに、政府の人権侵害や報道の自由の蹂躙などがこれだけ続くのに、なぜ、街は概ね平穏なのか、と訊いた時、眼光鋭く、こう返事をされたのを思い出す。

「ミスター・オオハシ。我々は何もしないのか、とおっしゃるが、今は、まだメシが食えているんです。もし、メシが食えなくなったら、みんな、街頭へ出てデモを始めますよ」

製造業偏重で日本版GAFAMは育たず

1980年代、日本の好景気（最後はバブル崩壊に終わったが）に対し、米国経済は停滞気味だった。しかし、その後、IT革命の波に乗ったGAFAMなどの新興テック企業が古いタイプの大企業を軽々と追い越していった。

日本では、この間、かつての電機や自動車にとって替わるような巨大産業は生まれなかった。従って、大量の輸出で日本に外貨をもたらす力が衰えてきた。

自動車会社も電機メーカーも米国や欧州などの消費国に多くの生産拠点を移転している

が、外国で稼いだ外貨は現地で再投資することが多く、日本へはあまり還流しない。それも、貿易収支の悪化に拍車を掛けている。

日本経済の停滞は、10年前くらいまでは、「失われた20年」と呼ばれたが、今では「失われた30年」だ。このままでは、「失われた40年」になるかもしれない。

戦後日本の経済発展を牽引したのは、明らかに製造業、すなわちもの作りだが、それに固執するあまり、インターネットのプラットフォームなどソフト産業の育成では、欧米や韓国などに比べ、完全に後手に回った。

大企業の集まりである経団連は、製鉄や重化学工業、自動車などの製造業が中心で、政府に対する要望も、大手製造業の利害に絡むものが中心だ。

日本人に宿泊は無理
1泊10万円のラグジュアリーホテル

「ちょっと待った。日本には、訪日外国人による観光収入があるじゃないか」という声が聞こえてくる。その金額は、2023年度で5兆2923億円（観光庁訪日外国人消費動向調査)。確かに、巨大だ。外国人による国際観光収入から日本人の海外旅行での観光支出を差し引いた国際観光収支(旅行収支)は、4兆2295億円もの黒字だった。コロナ禍前の2019年のレベルを回復し、さらに伸びている。

訪日外国人は、コロナ禍の時期に大幅に減ったが、今、急速に回復している。2024年3月には、推計308万1600人となり、単月で初めて300万人を超えて過去最多となった。

お金もバンバン使っている。外国人の宿泊費や買い物などの消費額は同年1~3月期で1兆7500億円(速報値)に上り、四半期ベースで最高を記録した。

過去20年ほどで、訪日外国人の数は飛躍的に増え、ホテルや旅館から百貨店、飲食店、土産物店などに落とす金も無視できない金額になってきた。コロナ禍の3年間で大幅に減ったものの、東京や大阪、京都などには、欧米や東南アジアからの観光客の姿がずいぶん増えた。日本を代表する観光地、京都では、国際ブランドの高級ホテルの開業ラッシュが続いている。

日本経済新聞によると、世界有数のホテルチェーン、米ヒルトンは、2024年9月、京都市中心部の河原町三条に旗艦ホテルの「ヒルトン京都」(仮称)を開業する。

ヒルトンは、2021年、最高級ブランドの「ROKU KYOTO　LXRホテルズ&リゾーツ」を開業して京都市内に進出。翌22年に「ヒルトン・ガーデン・イン京都四条烏丸」、23年には「ダブルツリーbyヒルトン京都東山」と、立て続けに異なるタイプのホテルをオープンした。

2024年は、春に「ダブルツリーbyヒルトン京都駅」を開業しており、「ヒルトン京都」で1年間に2カ所の開業となる。まるで、囲碁で要所要所に布石を打つようだ。それだけ、京都には大きなビジネスチャンスがある、とみているのだろう。

このほかにも、2024年は、「バンヤンツリー」「シックスセンシズ」といった他のラグジュアリーホテル、高級リゾートホテルが続々、開業予定だ。

一見、めでたい話だが、この光景には、一種のデジャブ感覚を覚える。30年以上前に、筆者が記者として駐在していた東南アジアの状況とそっくりなのだ。当時、シンガポールやタイ、マレーシアなどでは、金持ちの日本人や欧米人目当ての高級ホテルやレストランが続々と開業し、大繁盛していた。

先進国の金銭感覚からは、安く感じられたが、現地の人たちからみれば、目玉が飛び出るような値段だった。そういう超高級ホテルやレストランには、現地の人は出入りできず、従業員として働くだけ。利用するのは、中級以下のホテルやリーズナブルな食堂だった。

今の日本でも、一部の富裕層を除けば、一泊10万円や20万円もする東京や京都などのラグジュアリー・ホテルや高級旅館には、そうそう泊まれないだろう。ましてや、一泊100万円、200万円ともなると、夢のまた夢。それらの宿泊施設は、もっぱら、金持ちの外国人か日本人でも超富裕層向けだ。

超富裕層はもちろん、富裕層でもない一般の日本人は、よく言えば、おもてなしの側。従業員になるしかない……。これは、典型的な発展途上国の姿だ。

英国の「旅行費用が安い都市ランキング」で東京は4位

英国の郵便サービス企業「ポスト・オフィス」が毎年発表する「世界の休日コスト・バロメーター」2024年版の「旅行費用が安い都市ランキング」で、東京は、前年の8位から4位に上昇した。英ポンド高（円安）と日本の物価の低下が主な理由だという。

観光客で賑わう
「豊洲　千客万来」

このランキングは、英国人が海外旅行先で使うレストランのコース料理やビール、コーヒー、日焼け止めクリームなどの値段をポンド建てで比較したものだ。

トップはベトナムのホイアン、2位は南アフリカのケープタウン、3位はケニアのモンバサだ。ランキングの上位には、発展途上国の観光地がズラリと並ぶ。その中で、先進国日本の首都・東京は異彩を放っている。

旅行先としての東京の魅力の源泉は、オモテナシや美味な食べ物、美しい風景というより、途上国のリゾートと同様、何よりも訪問先での費用の安さのようだ。

2024年2月、東京・豊洲市場に隣接して開業した観光商業施設「豊洲　千客万来」は連日、外国人観光客で大賑わいだ。

7月の平日の午後、ふらりと訪ねてみると、真夏日の猛暑にもかかわらず、屋外のメーンストリートの豊洲目抜き大通りはぎっしりと人で埋まっていた。

立ち並ぶ飲食店を覗いてみて驚いた。牛肉の大串が880円（税込み）などリーズナブルなものも多いが、「WAGYU」と銘打った特選A4ランク黒毛和牛串は3300円（同）。それに「極上いくらおろし」をのせた串は、何と4400円（同）という値段だ。

この場所だけ、「外国人租界」ではないかと錯覚するような値付けだ。それでも、外国人たちは、「本国で食べるより、新鮮で値段もリーズナブル」と言わんばかりに、満足気な表情で買っていく。

日本人観光客も来ているが、見ている間に、黒毛和牛串を注文する人はいなかった。比較的に安いまぐろ串の店などには、行列ができていた。

「訪日外国人からの収入は、もう限界に来ている」

2024年6月、世界遺産で国宝の姫路城（兵庫県姫路市）の外国人入場料について、清元秀康市長が約4倍に引き上げる案を国際会議関連行事で示して、話題になった。日本経済新聞によると、この席で、清元市長は「姫路城には7ドルで入れるが、もっと値上げしようかと思っている。外国の人は30ドル払っていただいて、市民は5ドルぐらいにしたい」と発言した。

姫路市によると、2023年度、姫路城に入城した外国人は前年度比約35万人増の45万2300人だった。外国人の入城者が年間40万人を上回ったのは初めて。総入城者数は147万9567人で、外国人が31%を占める。

ますます重要なマーケットになっている外国人観光客からしっかりお金をいただこうという算段だ。東京都内の飲食店などでも、外国人の多い繁華街などで、こうした二重価格を試みる飲食店も出始めている。

そう、日本の「発展途上国化」は、もう始まっているのかもしれない。

もちろん、お金はお金。入ってくるものはありがたい。観光収入は、現状、日本経済にとって、数少ない希望の星である。

ただ、これだけ外国人観光客がお金を落としてくれても、国際観光収入から国際観光支出を差し引いた国際観光収支4兆2295億円は、5兆円を超えて急増するデジタル赤字を埋め合わせるには力不足だ。

働き手不足というボトルネックにより、既に稼働率が低下している宿泊施設も全国で相次いでいる。ホテルや旅館は、いくら立派な建物が出来上がっても、優れたスタッフがいなければ、宝の持ち腐れになってしまう。

京都や鎌倉などでは、多すぎる観光客が路線バスや通勤電車を占領して、市民の生活に支障が出るなど、いわゆる観光公害問題も看過できない状況だ。

みずほ銀行の唐鎌氏は「訪日外国人からの収入は、もう限界に来ている」と警鐘を鳴らす。働き手不足と観光公害がこれ以上進めば、少なくとも主要観光地では、外国人訪日客の誘致も不可能、という日がやってくるかもしれない。

上意下達、硬直的な組織の JTCが生き残る企業社会

JTCと呼ばれる企業群がある。ジャパニーズ・トラディショナル・カンパニー。直訳すれば、伝統的な日本企業という意味だ。

試しに、チャットGPTに訊いてみたら、生真面目なAI君の回答は――、

「JTCについてお話しする際、日本の伝統的な企業とその歴史的な背景、長い伝統を持つ企業が存在しており、その中には創業が数百年前に遡《さかのぼ》る企業も含まれます。以下にいくつかの具体例を挙げて説明します」

とのこと。実例として、「髙島屋　1831年に京都で創業された髙島屋は、現在では国内外に多くの百貨店を展開する大手企業です……白鶴酒造　1743年創業の白鶴酒造は、日本を代表する酒造メーカーの一つです……」などを挙げ、「それぞれが持つ独自の製品やサービスは、日本国内外で高く評価されており、日本の経済と文化に大きく貢献しています」と結論づけた。

うーむ、それなら大変結構なのだが、今、若い世代を中心に流布しているJTCとは、意味がだいぶ違う。もし、欧米で、そのように理解してくれているのなら、そのままにしておいてもいいような気もするが……。

もちろん、そうはいかない。この場合のJTCとは、上意下達の企業風土や硬直的な組織運営など昭和の体質を色濃く残す企業のことだ。「うちの会社はJTCだから……」などと

皮肉を込めて呼ぶ。当初は、ネット上の一種のスラングだったが、最近では、マスメディアにもしばしば登場するようになった。

時代の流れが大きく変わったにもかかわらず、昭和式のやり方を改めない。ネット上には、こうした時代錯誤とも言えるＪＴＣの実態と、そこで働く若い会社員の悲痛な声が溢《あふ》れている。

いくつか例を挙げれば……、

- 何かと紙の稟議書を書かされ、ハンコを取りに走り回らされる
- 何でもかんでも確認、確認。上司の口癖は、とにかく報・連・相
- 専門性を無視した部署間異動が常態化している
- やたらと飲み会が多く、参加はほぼ強制。上司の話題は昔の自慢話
- 誰がみても理不尽なパワハラ体質の社風が厳然と残っている
- 給料も福利厚生も悪くないが、そのせいか、あまり働かない中高年社員が多い
- 出る杭は打たれる。多くの社員は、なまじ目立つより胡麻すりに励む

うちの会社にもあるなあと思った方、誰かの顔を思い浮かべた方も、少なくないのではな

いか。昭和が終わって35年も経っているのに、日本の企業では、まだまだ、外国人からみれば奇妙な「昭和の風習」が残っている。

「朝礼、朝会がある」会社は、いまだに半数を占める

こんなことも……。

今でも、毎朝、朝礼で何千人もの社員の仕事をストップして、社訓を唱えさせる大企業が多い。

8月上旬のある平日。某有名メーカーの全国の事業所では、午前8時半の始業時刻、いつものように、朝礼が行われていた。フロアの端に立ち、マイクを持った当番の社員が、総員起立している数十人の社員たちの前で、本日の主な予定に加え、社訓の一部を読み上げる。すると、社員たちが同じ文句を唱和する。

5分ほどの短いものだが、終業時刻には、終礼も行われる。これを一年中、繰り返す。昭和の昔から続く〝儀式〟である。就業日数を年250日とすると、朝礼だけで年間20時間にも上る。若い社員の中からは、「ネット上の掲示板もメールもあるのに、あまり意味があると

は思えない」という声も出ている。

だが、会社がこの習慣を変える動きは、全くないという。

こうした朝礼や朝会を行っている企業は、まだまだ多いようだ。2020年に実施された、朝礼に関する会社員の全国意識調査によると、「朝礼、朝会がある」という回答が約半数を占め、その半数以上が「毎日実施」と答えた。

朝礼の効用としては、「情報の共有」のほか、「社員の一体感を保ち、目的を共有する」などが挙げられたが、実態は、決められた出勤時刻に出社を促すため、といったところだろう。それでも、朝礼、朝会は、今日も明日も行われる。

しばらく前に話題になった、クラウド型経費精算システムのテレビCMでは、テレワーク全盛の中、出社させられた経理部の女性社員が「紙でやり取りしてる経理部だけ出社って、昭和かよ！」と嘆く。その上、大量の紙の資料を整理するよう上司に命じられ、「いまだに紙とか、わけワカメ！」と叫ぶ。

昭和フレーズ連発のコミカルなCMだが、昔ながらのアナログなやり方から抜け出せない日本企業の現状を鋭くえぐっている。

米テック大手の日本進出ラッシュは「黒船」か

台湾の半導体製造大手、ＴＳＭＣが熊本県に工場進出し、２０２４年10月〜12月期の半導体量産開始を目指す。第２工場も24年内に着工の予定だ。その他の地域にも米国などのハイテク企業が日本での製造を始めようとしている……と政府、メディアの多くが歓迎ムードだ。しかし、最新のハイテク工場は、建設時こそ多くの人手を必要とし、雇用を増やすものの、いったん稼働してしまえば、ほぼ無人工場に近いので、それほどの雇用改善にはならない。

米テック大手が全力投球で開発競争を繰り広げている生成ＡＩの世界でも、注目を集めているのが日本だ。

オラクルは、２０２４年４月、今後10年間で日本のデータセンターに80億ドル（約１兆２０００億円）を投資すると発表した。日本経済新聞によると、このほかにも、アマゾン・ウェブ・サービス（ＡＷＳ）は、23年から27年までの５年間に２兆２６００億円、マイクロソフトは24年と25年の２年間に約４４００億円、グーグルも21年から24年までの４年間に１０００億円を投じて、日本国内にデータセンターを増強するという。

日本各地に巨額の投資が実施されることから、政府も経済界も歓迎の意向だ。しかし、彼らは、このデータセンターで何をしようとしているのだろうか。

生成ＡＩは、大規模なデータを飲み込んで、学習する。データセンター建設の主な狙いは、政府や自治体、企業のデータを日本国内で処理することとされる。

2024年末までの半導体量産開始を目指す
台湾の半導体製造大手TSMCの工場
（熊本県菊陽町）

これも、急増する外国人観光客と同様、手放しで歓迎できる話ではないのではないか。

米テック大手が相次いで日本でのデータセンター建設を急ぐ背景には、日本の情報をガッチリ押さえよう、という意図があるのかもしれない。

だとすれば、政府や自治体の情報が、部分的であれ、大量のデータとして米テック大手内部に蓄積される可能性がある。それを指して、行政や個人の情報を集積し、学習して、ＡＩの効率を高めるための「黒船」と呼んだとしたら、杞憂《きゆう》だと笑われるだろうか。

80年代、90年代の東南アジアに重なるイメージ

外国人観光客相手に宿泊施設や飲食店で稼ぎ、外国企業の工場でローカルの技術者、労働者として働く……これらの光景には、既視感がある。1980年代から90年代にかけての東南アジアとイメージが重なるのだ。

昭和末期から続いた長いデフレ経済に、近年の円安もあって、相対的に物価や地価、賃金が低い日本は、欧米だけではなく東南アジアからみても、「安いニッポン」に成り下がっている。それでも、一般の日本人の中には、相変わらず、まだ「先進国のトップクラス、アジアをリードする国」と思っている人も多い。

こんな、なかなか明るい見通しを持てない日本の状況に、若い世代から静かな叛乱が起きている。

1人の女性が生涯に産む子どもの数を示す合計特殊出生率は2023年、1・20で、過去最低を記録した。賃金はあまり上がらず、逆に物価が上がって、実質賃金は下がっている。一方で、保育園など子育てに必要な環境も整わない。そのため、結婚しても、子どもを産み

図表1-3　多くの国民が「経済的ゆとりが持てない」

社会の満足度（満足していない点）

問．あなたは、現在の社会において満足していない点は何ですか。
（○はいくつでも）

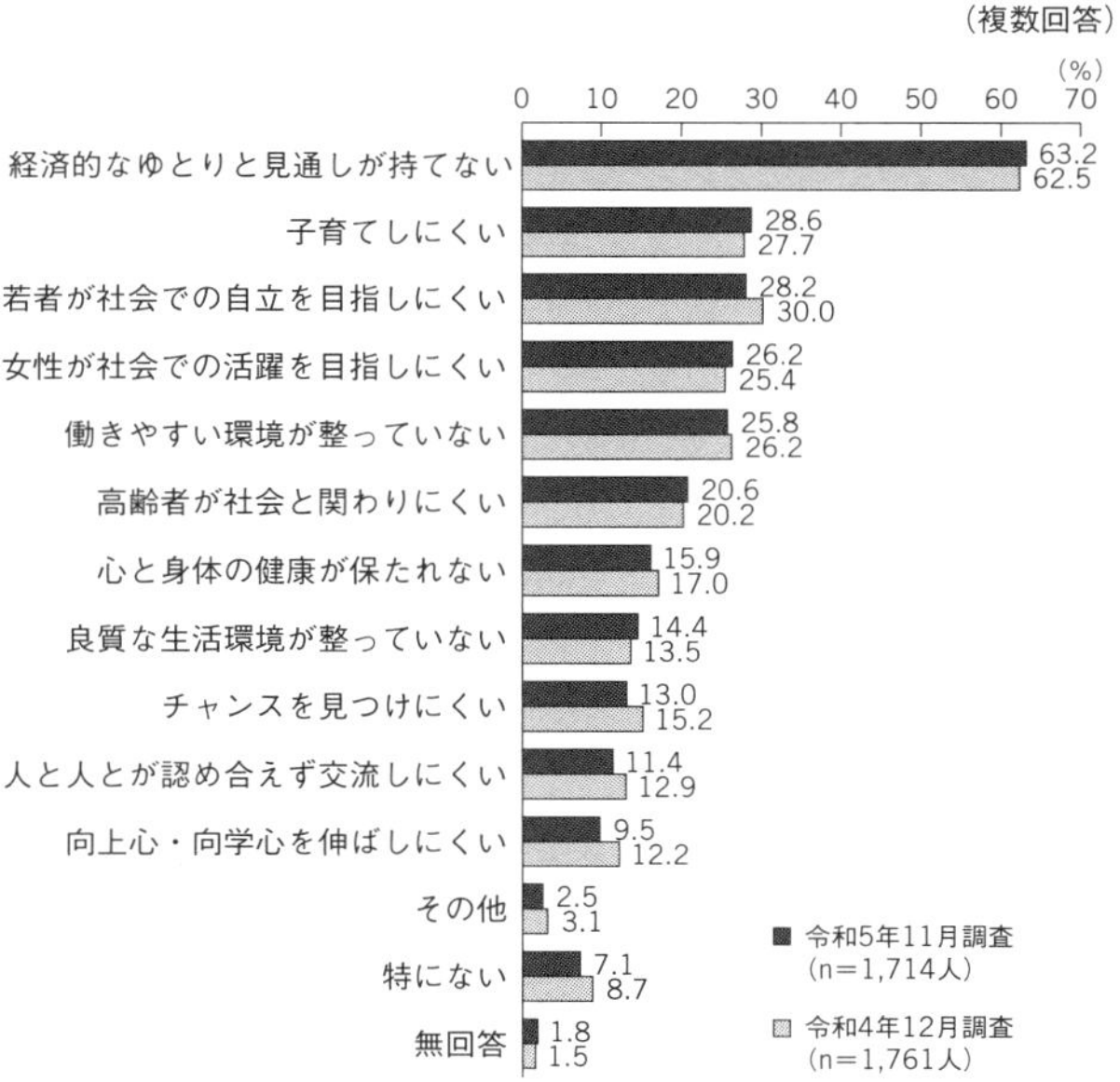

（出所）内閣府「『社会意識に関する世論調査』の概要（令和6年3月）」

育てることを諦める若者が増えているのだ。そもそも、結婚しないという選択をする人も多い。日本の総人口のうち外国人を除く日本人の人口は、23年中の死者数から出生者数を引いた「自然減」が85万人余りにも上る。急速な人口減少が続いている。

岸田政権は、同年4月、子育てや少子化対策などのため、こども家庭庁を発足させ、「異次元の少子化対策」を打ち出している。しかし、今のところ、目に見えて少子化を改善させるような結果は出ていない。

ノーベル経済学賞を受賞した米経済学者サイモン・クズネッツは1960年代に「世界には4種類の国がある。先進国と途上国、そして日本とアルゼンチンだ」というジョークを飛ばしたとされる。

かつて先進国の一角を占めたアルゼンチンが途上国に転落したのも稀有《けう》な例だが、戦後、焼け跡から一気に先進国に駆け上がった日本の成長も、逆の意味で他に類をみないというわけだ。ただ、現在の状況をみると、日本もアルゼンチンと同じ衰退の坂を下っているようにみえる。

大げさと思われるかもしれない。しかし、総務省の家計調査では、家計に占める食料費の

図表1-4　エンゲル係数が大きく上昇

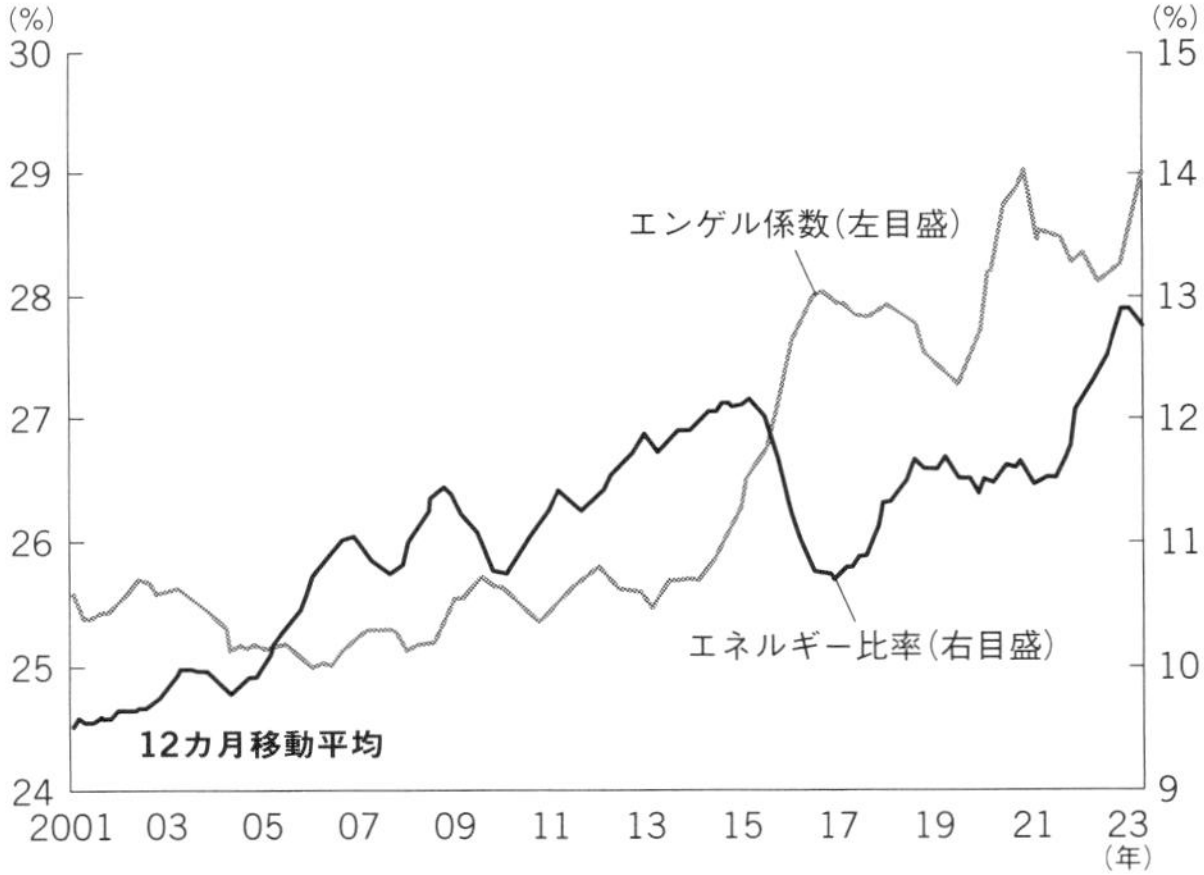

(出所) 総務省「家計調査」(2人以上、全世帯)

割合を示すエンゲル係数がこのところ、うなぎ上りだ。人間は食べなければ生きていけない。このデータが示すのは、食べるのに精一杯の家庭が急増しているということである。

それでも、まだ、「日本は先進国」と言い切れる自信を持てるだろうか。

第2章

大企業の「昭和体質」が存亡の危機を生む

破裂する昭和の〝闇〟❶

ここからは、日本の各界で近年、相次いで破裂する昭和の〝闇〟とも呼ぶべき出来事を取り上げていこう。

まずは、名門の大手企業で後を絶たない不正の連鎖という名の〝不都合な事実〟から。

40年も前から起きていた？ IHI子会社の認証不正

2024年4月、IHIの子会社が船舶用エンジンのデータを改ざんしていることが明るみに出た。燃費や排ガスの数値をごまかす行為は、1980年代から続いていたといわれ、過去20年間だけでも、不正の対象は9割以上の製品に及んだ。

日本経済新聞によると、同社は、同月24日、子会社で船舶用ディーゼルエンジンを製造するIHI原動機（東京・千代田）がエンジンを試運転する際のデータを改ざんしていた、と発表した。判明したのは2003年以降に出荷した船舶用エンジンの9割弱に当たる4215台。海外向けの製品では、海洋汚染防止法と国際海事機関が定める窒素酸化物（NOx）規制の基準を逸脱している恐れのある事例もあったという。

この問題は、2024年2月下旬に、IHI原動機の従業員から内部告発があり、発覚した。国土交通省は4月25日、同社の新潟市内にある新潟内燃機工場などに、船舶安全法に基づいて立ち入り検査を実施した。

ＩＨＩの盛田英夫副社長は、立ち入り検査の前日に都内の本社で記者会見し、「多くのお客様の信頼を裏切ることであり、ものづくりを担う企業としての根幹が問われる由々しき事態であると重く受け止めております」と謝罪した。

だが、ＩＨＩによる同様の趣旨の謝罪記者会見は、つい5年前にも開かれていた。

同社は、２０１９年3月、東京都西多摩郡瑞穂町の瑞穂工場で、航空機エンジン整備の工程で不正があり、経済産業省から航空機製造事業法に基づく行政処分を受けた。事件の発覚は、従業員の内部告発とされた。

これを受けて、当時の満岡次郎社長が記者会見し、「２０１７年に社内調査をし、報告が上がってきたが、調査が甘かった」と釈明した。担当取締役は「実は今回のような例の告発は、18年4月にあった。内部告発の内容では、そういう事実はない、という結論を出していた。その時の調査が徹底していれば、と大変反省している」と述べた。

つまり、内部告発があったものの、なぜか調査途中で止まっていたのだ。違法行為が続くことに危機意識を持った従業員が繰り返し内部告発をしても、結果として上司に握り潰された。内部告発の内容を上層部まで上げれば、問題に絡む誰かの責任になってしまう――という忖度《そんたく》が働いたことはなかっただろうか。

２０２４年４月の記者会見で、ＩＨＩは「エンジンの安全性に疑義を生じさせる事案は確認されていない」と強調した。これは、以前の記者会見でも同様だった。見方を変えれば、実質的な問題はないのだから、多少の法令違反は仕方がない、という考え方が社内に蔓延《まんえん》していたのではないか。

問題の不正行為は40年も前から起きていた疑いがある。同社が立ち上げた特別調査委員会の調査では、不正は１９８０年代から行われていたとの証言も出ている。その間、現場での文書によるマニュアルはなかったが、口頭での引継ぎがあったという（日経クロステック２０２４年5月10日付）。

１９８０年代といえば、即《すなわ》ち昭和末期。その頃の社内にあった昭和式の作法や高度成長期の〝常識〟が、その後も連綿と引き継がれていたのではないか。

ＩＨＩは、最近まで、頻繁にコーポレート・イメージＣＭをテレビで流していた。リズミカルな音楽と映像でＩＨＩの強みである技術に結びつけ、「技術と叡智」というキャッチフレーズで締めるＣＭだった。ＩＨＩのＨと叡智を掛けたところが印象的だった。

しかし、その技術が歪められ、不正が長く社内で伝えられたものだったのなら、「技術」も「叡智」も泣くだろう。

トヨタ子会社３社の認証不正
まるで３兄弟のような相似形

時価総額日本一のトヨタ自動車グループでも、こうした不正が目立っている。

２０２３年春、トヨタ自動車の子会社ダイハツ工業で、安全を確認する試験の認証手続きでの不正が発覚した。対象となった新興国向け生産車の9割は、トヨタブランドを付けたＯＥＭ（相手先ブランドによる生産）だった。タイなどの販売市場では、トヨタ車の不正と受け止められた。

日本経済新聞によると、トヨタの豊田章男会長も、２０２３年4月28日のオンライン配信で、「今回は『トヨタ』ブランドの車で発生したので、ダイハツだけではなくトヨタの問題でもある」と発言した。

ダイハツは2022年以降に発売したタイなどで販売する一部車両について、側面衝突時の安全性を確認する試験で不正をしていた、と公表した。確実に認証を得るために、前席のドア部品で本来の仕様にはない加工をしていた。

認証を取得した22年は豊田氏自身が「私が社長をやり、執行トップを務めた時期と重なる」と指摘する。不正対象の8万8000台のうち7万6000台は「トヨタ」ブランドでの販売で、世界戦略車「ヤリス」シリーズのOEMだった。

トヨタグループでは、ダイハツ以外でも、ここ数年、認証不正が相次いでいる。

トヨタ自動車のルーツで、フォークリフトの世界最大手である豊田自動織機は、2024年1月29日、トヨタ自動車の「ランドクルーザー」などに搭載されている自動車用エンジン3機種で不正が判明した、と発表した。

豊田自動織機は、トヨタから自動車用ディーゼルエンジンの開発を一部受託している。量産に必要な認証「型式指定」の申請手続きで、出力試験での燃料噴射量を変更し、数値のばらつきを抑えるといった行為があった。試験で出た数値を、見栄えのいいようにお化粧していたわけだ。車の安全性への信頼を根幹から揺るがす不正行為である。

日本経済新聞によると、この問題は、1年前の2023年3月に明らかになった自社製フォークリフト用エンジンの排ガス試験不正を調査する過程で発覚した。

外部有識者による特別調査委員会を立ち上げて調査していたところ、今度は、トヨタから委託されている自動車用ディーゼルエンジンでも不正が起きていたことが分かったのだ。

特別調査委員会は「不正行為を行わなければ開発スケジュールを遵守できないとのプレッシャーがあった」と指摘した。また、報告書には、開発遅れの懸念を上司に相談しても「『何とかしろ』と言われる雰囲気があった」との声も記載されていた。

トヨタは今回、対象となる10車種の出荷を一時停止する方針を明らかにした。上意下達と忖度で不正をはびこらせてきたツケは、出荷停止による損失をもたらしたが、世界のトヨタが認証不正を働いていたという企業イメージの下落のほうが大きいだろう。

同じトヨタグループの日野自動車でも、認証不正の影響が経営戦略に大きな重荷となる。

日本経済新聞によると、同社は2024年2月末、三菱ふそうトラック・バスとの経営統合時期を12月末から延期する、と発表した。統合に必要な独占禁止法上の許認可取得や、エンジン認証不正への対応があるためとした。

日野自動車は、2022年にエンジンの排ガスと燃費試験の不正が発覚し、トラックの国内出荷を全面停止した。その影響が尾を引いているのが主な理由とされている。

同社のエンジン試験不正を調査した特別調査委員会は、同年8月2日、報告書を公表し、不正が起きた原因を分析した。日本経済新聞によると、同報告書は、エンジンの性能試験を担う部署という局所的な問題とすると本質を見誤ると指摘。縦割りで上層部の意向を絶対視する企業体質や、部門間での連携が不足し、あら探しをする風土が真因だと言及した――。

トヨタグループの不祥事について、ここまでみてくると、ダイハツ工業も豊田自動織機も日野自動車も同じ会社ではないか、と錯覚するのではないだろうか。同じではないとしても、そっくり。まるで〝認証不正3兄弟〟だ。

いずれも、上意下達で無理難題を現場に下ろし、現場からの疑問や反発の声が上に届かず、最後はピラミッドの頂上の意向が優先されてしまう暗黙の空気がある……。

日野自動車の特別調査委員会の報告によると、「上司や他部署からのプレッシャーが強い風土があり、開発の遅れが許されず、スケジュールが窮屈となった。法律が定める測定を実施しなかったり、結果を書き換えたりするといった不正が始まった」という。

従業員へのアンケートでは、「お立ち台」と呼ばれる行為の指摘もあった。「問題を起こした担当部署や担当者が、他の部署も参加する会議の場で衆目に晒《さら》されながら説明を求められる」とされ、問題が生じて開発が遅れれば、担当者レベルで責任を取らされる……。

いずれも、社会常識に照らせば、異様な光景だ。不適切にもほどがある。しかし、こうしたおかしな慣行は、一朝一夕に出来上がったわけではない。昭和の歪んだ〝常識〟がずっと温存された組織の中では、21世紀になろうが、平成を超えて令和になろうが、何も変わらない。

ご本社は大儲け、子会社の現場は追い詰められ、不正に走る

その一方で、トヨタ自動車は空前の利益を上げている。

日本経済新聞によると、トヨタ自動車が２０２４年５月８日に発表した同年３月期の連結決算（国際会計基準）は、営業利益が前の期比96％増の５兆３５２９億円だった。過去最高

を更新し、日本企業で初めて5兆円の大台にのせた。純利益も前の期に比べて2倍の4兆9449億円と過去最高を大幅に上回った。

同社の佐藤恒治社長は、同日の決算説明会で「商品を軸とした経営と、積み上げてきた事業基盤が実を結んだ」と強調した。

ただ、次年度の業績予想はやや落ちる。この日に発表した2025年3月期の営業利益は、前期比20％減の4兆3000億円の見込みだ。純利益に至っては、28％減の3兆5700億円となる。

純利益が大幅に減る背景として、同社は、取引先への労務負担などサプライチェーン基盤強化や資材高などの費用4500億円を見込む。前期にグループ企業のダイハツ工業や豊田自動織機で認証不正が相次いだため、過度な生産性の追求を見直し、生産現場の余力を作るための費用が増えるという。

この費用は、もっと早く手当てしておくべきだったのではないか。長年にわたる子会社の現場の疲弊を放置してきたツケが回ってきたというべきだろう。

トヨタの乗用車をOEMでトヨタに代わって製造する子会社のダイハツや豊田自動織機

は、短い納期など無理な本社の要求を受けても、そのまま、現場に下ろしていた。現場から悲鳴が上がっても、「なぜできないのか」と絞られる。いくら、意を尽くして上司に訴えても、「で？」と返されるのが目に見えているので、言わなかった、という声もある。その結果、追い詰められた現場の社員が不正に走り、自爆する。

コストカットを錦の御旗にした昭和式のケチケチ経営で、ご本社は栄え、社員の賃金も上がっていく。その一方で、本社→子会社→孫会社→関連会社→下請け会社という上意下達の不動の構造の中で、至上命令をこなすために、結局、現場は不正に走らざるを得なかった。日本を代表する企業グループが、負の昭和体質、負の高度成長神話を引きずっているのだ。

トヨタ自動車は２０２４年１月、名古屋市内で、トヨタグループ17社の会長、社長、現場のリーダーを集めた異例の「グループビジョン説明会」を開き、その内容について、豊田章男会長が記者会見した。

説明会の場に選んだのは、トヨタの祖である豊田佐吉以来の原点と歴史を展示する、トヨタ産業技術記念館だった。名古屋駅にほど近いこの施設で開かれた説明会の後、記者会見に臨んだ豊田会長は、相次ぐグループ企業の不正について「ご迷惑、ご心配をおかけしていることを深くおわび申し上げます」と謝罪した。

豊田会長は、グループが成長する中で、「大切にすべき価値観や物事の優先順位を見失う状況が発生してきた」と述べた。さらに、各社で起きた認証試験の不正について、「認証において不正を働くということは、顧客の信頼を裏切り、認証制度の根底を揺るがす極めて重いことであると受け止めています」と頭を下げた。

記者との一問一答を含む記者会見の内容は、ネット上の自社サイト「トヨタイムズ」で公開した。説明会の内容の一部についても、テレビCMで動画が披露された。その中で、豊田会長は「おかしくなってしまった体質を立て直す」と宣言した。いや、宣言せざるを得なかったと評したほうがふさわしいかもしれない。異例の自己批判、否、自社批判だ。

「ブルータスお前もか」「完璧な会社じゃない」と釈明するトップ

自動車メーカーの認証不正問題は、これだけでは済まなかった。

2024年6月3日、日本経済新聞など新聞、テレビは、トヨタ自動車など大手自動車メーカーの新たな認証不正問題を大きく報じた。今度は、トヨタグループ企業ではなく、トヨタ自動車本体にも問題が広がったのだ。

自動車などの量産に必要な認証「型式指定」を巡り、トヨタ自動車、マツダ、ヤマハ発動機、ホンダ、スズキの5社計38車種に不正行為が見つかった。国土交通省が関連メーカーに求めた内部調査で同日判明した。国交省は、4日にトヨタへ立ち入り検査を実施。ほか4社にも順次、立ち入り検査に入った。

同省はトヨタ、マツダ、ヤマハ発動機の現行生産6車種について、安全性が基準に適合しているか確認できるまで出荷停止を指示した。生産終了分を含めた不正の規模は、5社で計500万台超となる。

国交省によると、計38車種について、衝突試験車両の加工や安全・環境基準に関わる書類の改ざんが確認された。中でも、トヨタは、生産中のヤリスクロスなど3車種の歩行者保護試験に関し、虚偽のデータを提出、計7車種170万台と突出した台数の不正が明らかになった。

トヨタ自動車の豊田章男会長は、同日に開いた記者会見で、「法規に定められた基準はクリアしている」としながらも、「こうした行為は認証制度の根底を揺るがす行為で、自動車メーカーとしては絶対にやってはいけない」と反省の弁を述べた。

その一方で、トヨタ本体へも不正が広がったことへの受け止めを問われた豊田会長は「『ブルータスお前もか』という感じではないか。ただトヨタは完璧な会社じゃない」と釈明した。記者会見の模様を見たベテラン記者からは「世界のトヨタがこれだけの問題を起こしながら、どこか他人事」という疑問の声も聞かれた。

下請法に違反して金を搾り取り、税優遇の資格喪失

長年にわたってトヨタのライバルだった日産自動車も、法令違反の結果、泥にまみれている。

2024年4月6日付日本経済新聞夕刊によると、日産は、賃上げに取り組んだ企業の法人税を優遇する「賃上げ促進税制」の利用資格を失った。資格喪失後は、少なくとも1年間は利用できない。

法人税負担を軽くする税優遇の賃上げ促進税制では、優遇率は企業の規模や賃上げの幅などの条件で決まる。だが、日産の場合、３月に、下請け部品メーカーへの支払代金を不当に下げていた下請法違反で、公正取引委員会から再発防止を求める勧告を受けたため、資格を失った。

日産は、車部品の製造委託先36社に、発注時に決めた金額から「割戻金」として一部を差し引いた代金を支払っていた。これが下請法違反とされ、下請け企業に30億円を返金した。

巨大企業の日産にとって、賃上げ促進税制の資格喪失や委託先への返金は、金額でみれば、経営を揺るがすほどの大金ではない。それでも、「昭和の昔でもあるまいし、日産ほどの大会社が、下請け企業からそんな金を搾り取っていたのか」とみられるイメージダウンの影響は小さくない。

発注元と下請けがこんな関係では、ただでさえ中小企業が多く利益の少ない下請け企業にとって、賃上げに回す資金はどんどん乏しくなっていく。

日本を代表する大手製造業で止まらない不正行為をみていると、「ものづくりニッポン」の誇りはどこへ行ったのか、と首を傾げざるを得ない。

大きな話題を呼んだビッグモーターの昭和式パワハラ

企業不祥事は製造業だけではない。2023年7月に大きく報じられた中古車販売大手のビッグモーターによる保険金不正は、中古車や保険という国民にとって身近な話でもあり、製造業の不正よりずっと大きな話題になった。

同社では、保険金を水増しするために、ゴルフボールを靴下に入れて振り回し、故意に車体に傷をつけて損傷範囲を広げ、損害保険会社に対し不当に過大な修理費を請求していた。この話だけでも驚き、呆れさせられた。

それに加え、当時の兼重宏行社長が記者会見で、この件について「ゴルフを愛する人への冒瀆《ぼうとく》だ」と的外れな発言をしたことが、非難に輪をかける形になった。

兼重氏がゴルフ愛好家だということは分かった。しかし、思わず、「そこじゃないだろう！故意に愛車を傷つけられたお客への冒瀆だ」とテレビ画面に向かって突っこみを入れた人も多いだろう。

異常なエピソードは、その後も相次いだ。支店の敷地の清掃を怠ると会社幹部に叱責されるため、店舗前の公道に自治体が植えている街路樹を勝手に切り倒したり、枯らしたり、といった疑いも出た。この件では、警視庁は当時の店舗関係者ら13人を器物損壊容疑で書類送検し、東京区検はそのうち１人を略式起訴した。起訴内容によると２０２３年７月、草刈機で店舗前の街路樹を伐採したとしている。

昭和式パワハラで世間を驚かせた
ビッグモーターの店舗では街路樹を勝手に伐採

日本経済新聞によると、ビッグモーター社内には、車両１台当たりの修理の儲けにノルマがあり、元工場長の男性は、業績が悪い時には幹部が主宰する社内会議で店名を挙げて「無能」と言われたという。ノルマへのプレッシャーから「不正をやるしかない」と追い込まれ、バンパーを外す際にわざと車体を傷つけるような行為が常態化した、と語った。

共同通信によると、ビッグモーターが、少なくとも計14件で懲戒解雇や降格などの処分をし、４月中に内部公表した。懲戒解雇は3件で、顧客情報を外部流出させたり、買取車に関する備品をフリーマーケットに出品して現金を得ていたりした。また、降格などでは、暴行やセクハラなどがあり、処分されたという。

コンプライアンスが叫ばれる今の時代には考えられない異常さだが、30年以上前の高度成長時代には、日本の企業社会全体が、毎年、売り上げも利益も賃金も伸びていく、一種の興奮状態の中で、「営業成績を上げるためには、多少の無茶は当たり前だ」という上司の言葉があまり疑問を持たれなかった。「向こう傷は問わない。向こう傷は男の勲章だ」と公言する有名経営者さえいた。

当然ながら、保険金不正や数々の常識外れの行為が発覚した結果、ビッグモーターは消費者から見放された。保険代理店の登録も取り消され、経営は行き詰まった。結局、2024年5月、伊藤忠商事などが出資する新会社「WECARS（ウィーカーズ）」が事業継承した。創業者の兼重前社長ら創業家は経営に関与しないことになった。

それだけではなく、創業家は、債務返済や全国で相次ぐ訴訟対応の原資に充てるため、100億円程度を拠出するよう求められる、と伝えられている。

背後にあるのは損害保険業界の深い〝闇〟

ただ、このビッグモーター事件では、その裏側にある、もっと深い〝闇〟が浮かび上がった。それは、損害保険というビジネスの根幹に関わる問題だ。

ビッグモーターは、損害保険会社にとっては、大のお得意さまだった。何しろ、提携修理工場として、契約者に同社を紹介すれば、保険代理店の同社から自賠責保険の契約を紹介数に応じて振り分けてくれる。

それだけなら、特に問題ではない。しかし、ビッグモーターには、保険関連業務を支援する名目で、保険会社から多数の社員が出向していた。ビッグモーターの社内で毎日、保険関連業務に当たっていた出向社員が、日常的に行われていた不正行為を見聞きしなかったのか、という疑惑が生じた。

本来、損害保険会社は、ビッグモーターのような保険代理店の業務が適正に行われているかどうかを指導する立場だ。しかし、実態は、保険加入者数を増やしたいがために、同社の様々な不正行為を見逃していた、と疑われているのだ。

特に、2004年から43人もの出向者を出し、大手損保の中でもビッグモーターとの関係が突出していたのが損害保険ジャパンだ。同社にとって、ビッグモーターは、年間120億円の保険料を稼ぐ超お得意さまだった。

日本経済新聞によると、金融庁は2024年1月25日、不正の疑いが発覚した後、他社に先んじて取引再開を急ぐなどの配慮を続け、結果的にビッグモーターの不正を助長した、として、損保ジャパンと親会社SOMPOホールディングスに保険業法に基づく業務改善命令を出した。グループの経営を約14年間率い、経済同友会の代表幹事も務めたSOMPOの桜田謙悟会長兼グループ最高経営責任者（CEO）は、責任をとって退任せざるを得なかった。

この問題では、SOMPOホールディングスが2022年6月の株主総会で、子会社の損保ジャパンから社外取締役をなくしたことも疑問視されている。社外の視点を取り入れて、経営の透明化を進める企業社会の流れに反し、同業の東京海上日動火災保険などとも違う異例の経営判断だった。こうした閉鎖的な体質も不祥事の背景にあるとみられている。

桜田氏は、2023年9月の記者会見で、「ルールと文化とでは文化が勝ってしまう時がある」と発言した。営業最優先で、ルールには時に目を瞑《つぶ》る「文化」は、戦後、日本経済が高度成長する中、長い時間をかけて社内で培ってきたものに違いない。

損保業界では2023年、ビッグモーターによる保険金不正請求問題以外でも、大手4社が企業向け保険料を事前調整し、見積もりなどでカルテルを結んだ疑いが浮上した。23年12月19日、公正取引委員会は4社などに独占禁止法違反（不当な取引制限）の疑いで立ち入り検査した。この問題では、金融庁も同月26日、4社に対し、保険業法に基づく業務改善命令を出している。

東京五輪に汚点残した昭和型の汚職、談合事件

2024年は、パリ・オリンピック・パラリンピックの年だ。開会式をセーヌ川で開くなど、オリンピックらしい華やかな雰囲気を盛り上げた。開幕後も日本人選手が予想以上に活躍し、日本選手団として海外開催五輪での金メダルとメダル総数の獲得数が最多となるなど、国中を大いに湧かせた。

21年夏の東京五輪・パラリンピックは、コロナ禍のため、開催を1年延期し、競技は原則、無観客で行われた。開幕直前になって、大会組織委員会の森喜朗会長が女性蔑視発言問

題で辞任。東京都に緊急事態宣言が出される中で、開会式ができるかどうかも危ぶまれるなど、異例ずくめだった。

その中で、五輪では、日本選手が史上最多のメダルを獲得し、組織委も何とか困難を乗り切り、無事に閉幕まで漕ぎ着けた。当時、海外メディアからは「こんな状況で五輪をやり遂げられるのは日本だけ」という感嘆の声も上がった。

ただ、2度目の東京五輪は、閉幕後に大会を巡る大規模な汚職事件と談合事件が摘発され、後味の悪いものになった。

東京五輪・パラリンピックから2年経った2023年5月9日、五輪に絡む汚職事件として、初めて有罪判決が確定した。

大会組織委員会元理事、高橋治之被告に対し、計2800万円を提供したとして、贈賄罪に問われた紳士服大手AOKIホールディングス元会長、青木拡憲被告ら3人を執行猶予付きの有罪とした東京地裁判決だ。

判決によると、3人は共謀し①大会スポンサーへの選定②迅速な契約③契約に日本代表選手団の公式服装に関係する優先供給権を含める――などを高橋元理事に依頼（請託）し、同元理事が代表だったコンサルタント会社に送金した。

日本経済新聞によると、判決は、青木元会長が「犯行を一貫して主導した」と認定。同社の第三者委員会は事件後の報告書で、役員らが元理事との関係性や契約手続きに疑念を抱いていたものの異論を唱えられなかったと明記。「コンプライアンスよりもオーナーの意向・指示を優先する企業風土も（事件の）原因の一つ」と強調した。

ビッグモーター事件とよく似た構図だ。未上場企業のビッグモーターと違い、ＡＯＫＩホールディングスはれっきとした東証プライム市場の上場企業だが、創業者オーナーの威光には誰も逆らえず、上意下達に従うしかない。コンプライアンス上おかしいと思っても抵抗できない。そんなことをして、逆鱗に触れれば、自分のサラリーマン人生は終わることを知っているからだ。

東京五輪・パラリンピックを巡る汚職事件では、ＡＯＫＩも含め大手企業のトップら計15人が起訴された。大会組織委元理事の高橋治之被告やＫＡＤＯＫＡＷＡ元会長の角川歴彦被告は、賄賂の授受を否認した。

東京地検特捜部は、２０２３年２月、公正取引委員会の刑事告発を受け、東京五輪・パラリンピックを巡る入札談合事件で、大会組織委員会の元次長ら7人と電通グループなど6社を独占禁止法違反（不当な取引制限）の罪で起訴した。各社の受注規模は、総額約437億円に上るという。

共同通信によると、この事件で、同年12月、元次長は、懲役2年、執行猶予4年の東京地裁判決を受け、確定した。判決は、「幹部職員としての影響力を背景に事業者間の受注調整を主導した」と指摘。事業者に支払われた実績額も巨額で、公正で自由な競争を阻害した程度は大きいと判断した。

巨大イベントを巡る汚職と談合の二重汚染事件。昭和の頃から繰り返される、古典的な不正だ。両方の事件で〝主役〟となった電通は、スポーツなどの大型イベントでは、昭和時代からずっと一強時代が続いてきた。

その強さに驕《おご》ったのか、東京五輪・パラリンピックを巡る一連の事件は、世界最大のスポーツの祭典に、どす黒い汚点を残した。

電通の信頼は地に落ち、スポーツや文化の大型イベントに入札すら許されない状態に追い込まれた。

東京都は、談合を主導した電通グループや広告代理店大手の博報堂に対し、２０２３年２月から24年８月まで指名停止にしている。電通に対しては、経済産業省と文部科学省、外務省が発注事業への入札参加資格を９カ月間停止する措置をとった。東京都、愛知県、大阪府も入札参加を認めない措置をとっている。官公庁事業に強い電通にとっては、経済的な損失もあるが、やはり、東京五輪・パラリンピックを汚したというイメージ悪化のほうが大きいだろう。

東京大会での不祥事を受けて、２０３０年の冬季五輪招致を目指していた札幌市は、東京大会を巡る不祥事で五輪に対する不信感が高まったことや、市民の理解が十分広がっていない、などを理由に、招致を事実上断念した。

それにしても、いつになったら、日本の自治体は、昭和式の「巨大イベントで町おこし」という古色蒼然とした発想から脱することができるのだろうか。

岸田首相の退場を招いたもの

「大ショックではない。中ショックくらいだ」

２０２４年４月28日に投開票された衆院補欠選挙で、自民党は東京15区、長崎３区、島根１区の全３選挙区のうち１つも議席を取れなかった。党所属議員が不祥事で辞職した東京と長崎では候補者すら立てられず、不戦敗。唯一、公認候補を立てた島根１区には、岸田文雄首相が２度も現地入りしたが、立憲民主党公認候補に大敗した。

自民全敗、立民全勝という結果が確実になった時点で、民放のニュースショーの司会者に自民党内の受け止めを訊かれた担当記者が、党幹部の話を伝えたのが冒頭の発言だ。

当然、大きなショックを受けているかと思ったら、「事前の世論調査などの情勢分析で、島根も非常に厳しいと分かっていた。負けたダメージはあるが、大ショックというほどではない」というのだ。人間は、物凄い衝撃を受けると、生存本能が働き、大丈夫、大丈夫と思い込んで、ダメージ・コントロールを図る。今回もそうなのか。それとも、単なる負け惜しみだったのだろうか。

島根1区は、自民にとって、小選挙区制の導入以来、一貫して細田博之前衆院議長が勝ち続けてきた保守の牙城中の牙城。細田氏の死去に伴う、いわゆる「弔い選挙」で、本来、有利になるはずなのに、議席を失った。しかも、予想以上の大差で敗れた。その事実の重みをよく理解できないようだ。

共同通信が実施した出口調査によると、支持政党はないとした無党派層の投票先は、3選挙区いずれも立民候補が最も支持を集めた。自民は、唯一候補者を立てた島根1区で、支持層固めに苦戦した。

つまり、自民党は、無党派層はもとより、本来の支持層までも立民など野党に切り崩された。この結果のインパクトはとてつもなく大きい。全国の自民党議員は、次は我が身かと震え上がったはずだ。

今回の補選では、自民党派閥パーティーの裏金など「政治とカネ」の問題が、立民など野党の大きな攻撃材料になった。

自民党が2月に公表した党所属の国会議員ら384人を対象にしたアンケート調査によると、2018年から22年までに、政治資金収支報告書への不記載があったのは、現職議員82

人、選挙区支部長3人の計85人で、総額は約5億8000万円に上った。

東京地検特捜部は、大学教授の刑事告発を受け、2023年12月に安倍派と二階派（志帥会）の事務所を政治資金規正法違反（不記載・虚偽記入）の疑いで家宅捜索した。24年1月には、池田佳隆衆院議員を政治資金規正法違反の疑いで逮捕、起訴。派閥の会計責任者らも起訴した。

安倍派の派閥幹部を務めた議員らが国会の政治倫理審査会（政倫審）で追及されたが、「歴代会長と事務局長との間で長年慣行的に扱ってきた」とほとんどの議員が自らの関与を否定した。だが、多くの国民は、彼らの言い分に対し、「カネの問題だけは知らなかった」というのは本当か、と首を捻った。

組織運営の要諦は、「ヒト、モノ、カネ」といわれる。最近は、これに「情報」を加えることが多いが、いずれにせよ、このうちカネについてだけは、幹部が誰も知らなかった、というのは不自然だ、と多くの国民が感じたはずだ。

今回の補選は、この問題に対する国民の怒りが勝敗を分けた、という分析が多い。

しかし、自民党の派閥パーティーの裏金問題だけだったら、国民の多くは、「ひどい話だな。でも、いつものことだろう」程度に受け止めていたかもしれない。

つい、1、2年ほど前までは、そうだった。2022年の参院選挙や大きな自治体の首長選でも、自民党は、まずまず善戦してきた。

だが、今回はそうはいかなかった。では何が自民党、岸田政権を全敗に追いやったのか。その背景には、明らかに、日増しに厳しくなる国民の暮らしの問題があるとみるべきだろう。

日々の暮らしの苦しさが増し、広がる静かな怒り

スーパーやコンビニ、飲食店には、値上げの嵐が吹き荒れている。青果店を覗《のぞ》くと、食卓に欠かせないキャベツやレタスが例年より何割も高い値札がついている。極端な例として、「都内の青果店でキャベツ1玉税込み1000円」という目を剝《む》くようなニュースも流れた。

主食のコメもブランド米を中心に、大幅に値上がりした。季節的な理由や天候に左右される生鮮食品だけではなく、コーヒーやジュースなどの加工食品の値上げも目立つ。

円安や新興国の需要増大、欧州、中東で増す地政学リスクなどで、エネルギーや小麦などの価格が上がり、モノの値段が高騰している。電気代やガス代の値上がりも止まらない。

テレビや雑誌では、主婦向けに、いかに物価高騰時代を生き延びるか、といった特番や特集を組んでいる。多くの国民は、収入があまり増えない中、日々の生活は苦しくなる一方だ。税金や社会保険料の負担はますます重く、生活にのしかかる。

1、2年前までは、賃金はあまり上がらなくても、デフレで物価が低めに抑えられていたから、何とかやり繰りをすることができた。しかし、いったん、堰《せき》を切ったように値上げラッシュとなると、それもままならない。仕方がないので、楽しみにしていた旅行を諦めたり、外食も控えたりせざるを得なくなる。毎日のように買い物に行っていた大手スーパーからは足が遠のき、ディスカウント・スーパー通いで節約を徹底する。

そういう不満が高まっている中で、新聞やテレビでは、毎日、自民党のカネにまつわる不祥事が大きく報じられてきた。多くの自民党の政治家が派閥のパーティー券を企業などに売りまくる。ノルマより多く売った分は、派閥から裏金としてキックバックしてもらい、税金も払わない。

税務申告をしなければ、所得税の脱税になるとの指摘を受けて、「初めて知った」「派閥から申告しなくていいと言われた」「会計責任者に任せていた」と言い訳をして、知らん顔。そんなことも知らずに、よく国会議員が務まるな、と多くの人が憤った。

派閥幹部や裏金受領の議員への党の処分も軽い。それは、結局、お互いさま、仲間内だからだろう。

国民の間からは、春の確定申告などの際に「我々は、所得は1円からきちんと税務申告しているのに、国会議員は何百万円、何千万円と裏金をもらって税金を払わなくても、いけないこととは知らなかった、で済まされるのか」という激しい怨嗟《えんさ》の声が上がった。

与党は、政治資金規正法改正に取り組まざるを得なくなったものの、旧来の特権を当然とする昭和の考えにどっぷり浸かった自民党からは、抜本的な改正案は出てこなかった。

野党との争点になっている、パーティー券購入者の収支報告書への記載金額の線引きや政策活動費の記載についても、大方のみるところ、ゆるゆるな改正案となった。この点では、世論の反発を気にする連立与党の公明党にも距離を置かれた。

公明党の案との折り合いがつくことはなく、改正案は自民党の単独提案になった。法案は与党の自民、公明両党が協議した上で国会へ提出する、という大原則が破られる、異例中の異例な出来事だった。

2024年5月21日、政倫審への出席を求められていた自民党の44人の衆院議員は、全員、出席を辞退した。出席すれば、テレビカメラで一挙手一投足まで撮影され、マイナスの印象を与えることは必至、との判断だろうか。

6月19日、改正政治資金規正法は与党の自民党と公明党の賛成で成立したが、抜本的な改正とはほど遠く、実効性に大きく疑問符がつく内容にとどまった。

政治は数、数はカネ、カネがなければ選挙に勝てぬ

国民の間から、政治とカネの問題で強い批判が巻き起こり、生活の苦しさを訴える声も広がっている。衆院補選の全敗という形で有権者にノーを突きつけられても、抜本的な政治改革には踏み込まず、小手先の目くらましのような改正案を出してくる。自民党がこういう思考回路に陥るのは、なぜだろうか。

自民党は、結党以来、何度も、こうした政治とカネの問題で追い詰められた歴史がある。選挙で大敗して政権から滑り落ち、下野した経験もある。しかし、政治資金について、調達先や使途の全面公開は、決して認めない。

それは、「政治は数、数はカネ、カネがなければ選挙に勝てぬ」という昭和の政治家、田中角栄元首相以来の論理が決して死なないからだろう。自民党の派閥裏金問題は、いかに政治家が出所の分からないカネを集め、政治活動という、使途を明らかにしないで済む使い方をしてきたか、を炙《あぶ》り出した。さらには、それを根っこから変える気が決してないことも。

与野党の争点になっている政策活動費についても、野党の求める政党から議員個人への支出の禁止や詳しい使途の明示について、岸田首相は何度も「政治活動の自由に関わる」と繰り返して突っぱねた。

地盤、看板など、政治的資産に恵まれた一部の人を除いて、大方の政治家の言う政治活動とは、何十年経っても、大部分が実質的な選挙活動だ。選挙に落ちたら、ただの人だから、事実上の選挙活動である「日頃からの政治活動」はやめられない。

岸田首相の唱える「政治改革」は、昭和時代から何百回、何千回聞いたか分からないお定まりのフレーズだ。しかし、政治活動≒選挙活動という実情が変わらない限り、抜本的な改革への道はなお遠い。

２０２４年８月14日、岸田首相は緊急記者会見を開き、９月下旬の自民党総裁選への不出馬を表明した。総裁選後、首相退陣となる。直近まで、総裁再選、首相続投を模索するとみられていた。しかし、旧統一教会や政治資金の問題による政治不信が収まらず、内閣支持率が低下する中での決断となった。

自民党青年局の昭和的スキャンダル議員さんは気楽な稼業？

自民党は、「顔」が変われば、古い体質も一新されるのだろうか。これまでの事例からみて疑問は残る。

２０２４年春、政治とカネの問題で岸田政権が激しい批判に晒されている最中に、政権を背後から鉄砲で撃つようなスキャンダルが発覚した。

２０２３年11月、和歌山市で開催された「自民党青年局近畿ブロック会議」後の懇親会。この場で、〝過激な〟ダンスショーが催されたことが24年3月になって明らかになった。

懇親会には、露出度の高い衣装を着けた5人の女性ダンサーが招かれ、懇親会の様子とされる映像には、チップの紙幣をダンサーに口移しで渡したり、尻を触ったりする県議らの参加者が映っていたという。

この懇親会には、自民党青年局長の藤原崇衆院議員と局長代理の中曽根康隆衆院議員も出席しており、問題発覚後、２人とも同党青年局の役職辞任に追い込まれた。２人は、青年局の幹部として、政治資金パーティー問題の実態解明と改革を求めていたという。

会議のテーマが多様性だったことから、この懇親会を企画した県議が「多様性というテーマの一環としてダンサーを呼んだ」という噴飯ものの釈明をしたことも、火に油を注いだ。岸田首相は、３月13日の参院予算委員会で、この問題について「私の内閣の目指す多様性とは全く合致しない」と否定せざるを得なかった。

同15日の参院予算委員会でも、この問題に関し重ねて野党の質問を受け、「極めて不適切であり、まことに遺憾だ」「自民党自体が問われている。党として事実を確認して適切に対応する」と答弁した。その表情は、文字通り、苦虫を噛み潰したようだった。

このスキャンダルは「破廉恥パーティー」などと報じられた。だが、ここでも、デジャブ感覚に襲われる。

今から30年以上前、昭和の頃、高度成長のバブル期あたりまでは、温泉のある観光地で会議を開催する企業や団体が多かった。最近、家族連れやカップル、訪日外国人らに人気の観光地として見直されている静岡県の熱海なども、当時は、客の多くが企業などの団体慰安旅行で来ていた。バブル経済の崩壊以降、若手社員の社員旅行離れもあり、すっかり廃《すた》れたのだが、自民党青年局には、まだこういう習慣が残っていたようだ。

昼間は一応、会議で、夕方からは酒の入った宴会。さらに、ショーなどのお楽しみのある二次会では、無礼講《ぶれいこう》――。往時のことを知る人は、「そんなこと、やっていたなあ」と思い出すかもしれない。

自民党青年局には、30代、40代の国会議員や地方議会議員が多い。およそ昭和の風習など知らないはずだが、今でも、こうしたスタイルの会合を企画する感覚には、「昭和感」が満載だ。この組織には、まだまだ昭和の宴会文化が残っている、と言ってもいい。昭和の流行語になぞらえて、「議員さんて、気楽な稼業ときたもんだ」と突き放したくなる。

中には、あまり、こうした二次会への参加は気が進まない若手もいるはずだが、もし、参加しなくては気まずい空気を幹部が醸《かも》し出していたとしたら、コンプライアンスが重視されるこの時代、パワハラと指摘されても仕方がない。

全能感に囚われた〝大統領〟には、逆らえない

パワハラといえば、2023年から24年にかけて、各地の自治体の首長によるパワハラやセクハラ問題が次々と明るみに出た。

「お前らの脳みそは鳩の脳みそより小さい」「飛ばすぞ、やめたら？　転職したら？」愛知県東郷町の井俣憲治町長（2024年5月2日付で辞職）が町職員に対して浴びせかけた、とされる暴言だ。

井俣町長は、2023年11月に問題が発覚した後、「お笑いの突っ込みのような感覚で、受けを狙って言った」「冗談や軽口のつもりだったが、間違った認識だった」と釈明した。町議会には、町長の不信任決議案も出されたが、客観的な根拠が必要などとして可決に必要な4分の3に達せず否決され、町長も進退を保留にしていた。

しかし、町の第三者委員会が当事者に聞き取り、「死ね」など問題のある発言が日常的に職員らに向けてあったことが明らかになった。また、女性職員が入った着ぐるみと確認してから抱きつくといったセクハラ行為も何度もあったと認定した。第三者委員会の調査結果を

受けて、井俣町長は、複数の職員に対しパワハラ発言をしていたことを認め、セクハラについても認めた。

井俣町長は、4月25日、町議会の全員協議会で、24日に辞職願を議長に提出した、と明らかにした。

25日に開いた記者会見では、108人の町職員に対するハラスメントを認定した第三者委員会の調査報告について、「町の幹部職員の大半は小中高校の同窓で甘えがあったと反省している」と釈明したが、「全てを理解し、納得したわけではない。記憶にない事案が複数あった」とも語った。

2時間以上にわたった記者会見で、具体的な言動について質問されると、「個別の事案については答えられない」と突っぱね、記者に対し「それを言うと個人が特定される。それハラスメントですよ」と言を左右にする一幕もあった。

自治体で目立つパワハラ、セクハラと「昭和の弊害」

この記者会見と同じ同月25日、隣の岐阜県でも池田町の岡崎和夫町長が、町議会議長に辞職願を提出した。理由は、こちらもセクハラだ。

岡崎町長は、2023年7月、女性職員らからセクハラを告発され、町の第三者委員会が職員や元職員の男女計843人を対象にアンケート調査やヒアリングを実施していた。報告書で、岡崎町長のセクハラは約20年前からあり、15人の女性職員らの体に触ったり抱きついたりしたと認定した。

報告書では、特に深刻な被害として、10年ほど前、4日連続して被害者を町長室に呼び出し、手を握る行為に始まり、衣服の上から二の腕を触り……とセクハラをエスカレートさせた事実を認めた。この被害者とは、2023年に示談しているという。

報告書は、言動を内省し改善する態度が見受けられないとして、「町長は、辞職相当である」と断じた。しかし、岡崎町長は、被害女性との示談の事実を否定し、その他の行為についても、「激励する趣旨で握手をしたことはあったが、それ以外には、体に触れたことはない」などと否定した。

結局、岡崎町長は辞職願提出後の記者会見で、セクハラについて下半身を触ったことは否定したものの、手や腕を触ったことや、後ろから抱きついたことなどは認めた。家族からは

「大変残念や、あんたは裸の王様や」とはっきり言われた、と涙声で打ち明けた。

岡崎町長は、「相手がそう思ったのなら、そう思わざるを得ない。自分勝手で、裸の王様だった。職員に謝罪したい」と白旗を掲げた。26日、岡崎町長の辞職は議会で承認された。

それにしても、思わず、「昭和かよ！」と突っ込みたくなる話だ。昭和のあの頃は、こうしたパワハラやセクハラは日常茶飯事だった。だが、30年以上の時が経つにつれ、世の中からは厳しい目が注がれるようになった。飲み会で女性社員にセクハラ行為をして、直ちに解任された大企業の社長もいた。

それでも、なお、自治体でこういう事案が相次いで起きるのはなぜか。

東郷町や池田町のケースは、特異な例ではないだろう。自治体の首長や議員によるパワハラ、セクハラはこれまでも、時折、報じられてきた。しかし、ほとんどは、狭いコミュニティーである市や町や村の中で、埋もれていく。

これは、組織のガバナンスの問題なのだ。

都道府県知事や市区町村長は、有権者から直接選ばれた立場なので、その地域では絶大な権力を持っている。特に人事権は絶対だ。首長が再選、三選……と任期が長くなればなるほど、幹部も一般職員もイエスマンばかりになっていく。何をしても、誰にも否定されない状態が続き、いつしか、何をしてもいいんだ、という全能感に囚《とら》われてしまう。

そういう職場では、ハラスメント被害に遭《あ》って告発しようと思っても、その後、自分や家族が置かれる立場を考えて、なかなか告発には踏み切れない。池田町の場合も、被害を受けているはずなのに、第三者委員会に対し、非協力的だった人もいたという。

こうした分かりやすい「昭和の弊害」を温存してきた自治体も問題だ。また、実情を把握していながら手を付けてこなかったとすれば、総務省など国も無責任だ。地方紙、地方放送局を中心としたマスコミによる監視も行き届いていなかった、とのそしりを免れないだろう。

池田町の騒動には、とんだもう一幕が待っていた。岐阜県警は6月11日、池田町発注の公共工事をめぐる贈収賄事件で、入札の便宜を図る見返りに業者から現金100万円を受け取ったなどとして、岡崎前町長を加重収賄の疑いで逮捕。岐阜地検は7月に起訴した。

いつまでも昭和式から進歩しない災害対策

2024年元日に東京や大阪まで揺るがした能登半島地震。マグニチュード7・6、最大震度7の大地震は、石川県だけでも災害関連死も含め死者300人を超え、住宅被害も8万棟を超える巨大な被害をもたらした。被害が大きかった輪島市では、有名な朝市地区が火災で焼失してしまい、その惨状は目を覆うばかりだった。

だが、大地震が怖いのは、当日だけではない。家屋の倒壊や火事などで自宅を失ったり、水道や電気などの生活インフラが壊滅したりした住民は、まず、身を寄せる場所が必要だ。今回も、多くの被災者が避難所へ逃げ込んだ。大抵は、地元の小中学校の体育館などだ。テレビカメラが映し出したその光景は、予想してはいたものの、寒々としたものだった。

冷え冷えとした体育館にせいぜい段ボールの仕切りがある程度。床に薄いシートを敷いただけで、毛布を被り、着の身着のままで身の回りのモノを詰め込んだバッグを枕にしている人も多い。確かに、雨露はしのげる。だが、それだけだ。硬い床で寝苦しいだけではない。ほぼ、雑魚寝《ざこね》に近く、プライバシーなどは端《はな》からない。まるで、被災者の辛抱を前提にしたような行政の対応だ。

これは先進国の姿ではない、と思った。最初にこの感想を抱いたのは、1995年1月17日に起きた阪神・淡路大震災の時だった。

地震発生から2週間ほど経った頃、現地報道の応援のため、新幹線と阪神電鉄を乗り継ぎ、途中から徒歩で神戸市内に入った。そこで見たのが、誤解を恐れずに言えば、まるで、収容所のような避難所だった。

阪神・淡路大震災の前にも、米国や欧州などでも、森林火災や風水害などで自宅から逃げてきた市民の避難風景をテレビニュースで見た。だが、少なくとも、床に雑魚寝など見たことがなかった。原則として、組み立て式の簡易ベッドが用意されていた。

それは、欧米なんだから当たり前だろう、と思われるかもしれない。だが、日本でも、だいぶ前から、ほとんどの人がベッドで寝ている。特に、高齢者は、畳に布団よりベッドのほうが寝起きはずっと楽だ。

1995年は平成7年。まだ昭和の雰囲気が色濃く残っていた。そんな昔から今日に至るまで、日本の行政は、これだけの震災大国で一次避難所をこんな劣悪な状態にしているのだ。

行政側にも言い分はあるだろう。とにかく、金がない。限られた予算でやり繰りしているのに、いつ起こるか分からない地震のために、そんな立派なものは揃えられない、といったところか。

能登半島地震の避難所。阪神・淡路大震災でも東日本大震災でもない

簡易テント型間仕切りで、プライバシーも保護される台湾東部沖地震の花蓮県の避難所

能登半島地震の3カ月後、2024年4月3日に、台湾東部沖地震が起きた。マグニチュード7・2、最大震度6強で、各地に大きな被害が出た。東部の都市、花蓮の町では、雑居ビルが大きく傾くなど、被害が広がった。

どんな状況か心配していたが、ある意味では、杞憂だった。共同通信が配信した記事に付けられた１枚の写真が全てを物語っていた。小学校の体育館を利用した避難所には、簡易テント型の間仕切り設備がすぐに設置された。上部が開いており、布製のため遮音効果はないが、プライバシー保護やストレス低減に効果を発揮した。

共同通信によると、この設備は、仏教系慈善団体が事前に用意していたもので、食糧や生活必需品は、被災を免れた商店主らが当局と調整した上で寄付した。避難者の１人は「一定程度プライバシーも保護され、物資面では困ったことはなかった」と語り、別の１人によれば、被災当日には軍がシャワー設備を設け、体を洗うことができたという。

もちろん、能登半島地震でも、石川県や市町村の職員らが自ら被災しながら、寝る間も惜しんで被災者の支援に奮闘したのは事実だ。自衛隊やボランティアも活躍した。彼ら彼女らの献身には、頭が下がる。

だが、やはり、段ボールの低い囲い程度の避難所と、清潔そうでモダンなデザインのテントの避難所の違いを見せつけられると、日本と台湾の当局の被災者に対する構えや向き合い方が、根本的に違うのではないか、と思わざるを得ない。

能登半島地震では、発生後、寸断された水道網がなかなか復旧せず、５カ月以上経っても、断水している住宅が多数残った。自宅の修復や片付けは何とか終わり、電気が通っても、水が出なければ、以前の暮らしには戻れない。被災者の中には、水道が出ないため、何十キロも離れた金沢市まで、風呂に入りに行く、という人たちもいた。

これが、今現在、日本人が置かれた状況だ。全国どこにいても、明日は我が身である。

ベルトコンベアで紙を運ぶ役所
大型イベント開催にはご執心

日本列島を丸々3年間も覆った新型コロナウイルス禍は、政府や自治体を中心に、日本社会の仕組みがいかにアナログのままで、非効率であるかを炙り出した。

コロナが蔓延していた当時、全国の病院は毎日、新規のコロナ患者の詳細を1件ずつ保健所に報告し、保健所から集まった情報を都道府県が集計していた。主要なツールは紙とファクスだ。不明の点の確認には電話をかける……。

半導体〝大国〟台湾では、若くて有能な担当大臣の指揮のもと、デジタル化を一気に推し進めた。コロナ対策でも、デジタルの威力による、素早い対応で世界的に注目された。

これに対し、日本では、河野太郎デジタル相がいくら旗を振っても、政府・自治体による行政のデジタル化への動きは鈍い。河野氏は、２０２２年9月に日本記者クラブで行った会見で、書類がベルトコンベアで運ばれていた役所の例を挙げて、紙にこだわる役所の体質を嘆いていた。新聞社にもかつて、手書きの原稿をベルトコンベアで運ぶ仕組みがあったが、もう何十年も前の話だ。

その一方で、自治体は、いまだに、オリンピックや万国博覧会、国体などの大型イベント開催には非常に熱心だ。昭和39年（１９６４年）の前回の東京五輪や同45年（１９７０年）の大阪万博の成功体験が忘れられないのだろう。大型イベントを開催すれば、国から巨額の金が入って、地域振興の起爆剤になる、というイベント神話だ。

だが、かつては開催することが新興国の威信を高めた五輪も、今では規模が巨大になり過ぎた。開催に手を挙げる国は、欧米の一部と東アジアの日本、中国、韓国、オーストラリアくらい。開催国でも、毎回膨れ上がる費用負担に対する批判は高まるばかりだ。

２０２５年には、大阪・関西万博を開催予定で、施設の建設遅れが危惧されている。その万博に至っては、これまで、いつ、どこで開催されたか、ほとんどニュースにもならない。

開催国以外では、誰も知らないイベントだ。はっきり言えば、オワコンなのだ。

日本版ライドシェア導入は、タクシー業界の権益を守るため？

2024年4月8日、「日本版ライドシェア」が鳴り物入りでスタートした。東京都江戸川区で開かれた出発式には、斉藤鉄夫国土交通相や河野太郎デジタル相が出席して、賑々《にぎにぎ》しくテープカットまで行われた。テープカットの後、私服のドライバーがハンドルを握る様々な車種の白ナンバーの乗用車が出発し、VIPが笑顔で見送った。

ライドシェアというのは、ITを活用して一般のドライバーが有償で乗客を運べる制度だ。もともと、2010年に米ウーバーが始め、都会や地方でのタクシー不足を一般ドライバーが空いた時間を使って補う仕組みで、瞬く間に米国や欧州、東南アジアで広まった。

慢性的なドライバー不足の日本にも進出を図ったが、タクシー業界は猛反対。国交省も業界をバックアップし、「白タクは危険」「何かあっても補償に不安」などと後ろ向きだった。

コロナ禍明け以降、タクシードライバーの高齢化や離職がますます進んだことで、業界も国交省も受け入れに転じ、4月に限定解禁となった。順次、全国に広がっている。

ただし、日本版ライドシェアは、諸外国のライドシェアとは似て非なるものだ。

米欧でもアジアでも、ライドシェアでは、個人のドライバーが共通のアプリを通して客から直接、オーダーを受け、客が行き先を告げなくても、目的地にたどり着く。支払いはネット上で済ませるので、余分な支払いやチップの心配もない。

ところが、日本の場合は、ドライバーは、予め許可を受けたタクシー会社に登録した人しか認められない。「安全・安心を守るため」という錦の御旗のもと、営業できる曜日や時間帯も制限され、タクシー会社の管理下に置かれる。

これは、典型的な行政指導に基づく昭和スタイルの護送船団方式だ。タクシー不足は東京や大阪などの都会でも地方でも深刻だが、一気に海外と同様のライドシェアを認めると既存のタクシー会社の経営を圧迫する、との理屈で、業界の既得権を守っている。同時に、役所も業界をグリップし続けられる。

この問題の本質は、出発式の様子に表れている。江戸川区内の式場は、タクシー大手、日本交通の営業所。2人の大臣に挟まれて真ん中に立っていたのは、東京ハイヤー・タクシー協会の川鍋一朗会長（日本交通会長）である。

さらに、この話には後日譚がある。日本経済新聞によると、5月27日、斉藤国交相と河野デジタル相はライドシェアの拡充を巡って意見交換をした。斉藤氏によると、この席で、河野氏は日本版ライドシェアの効果検証と並行し、全面解禁に向けた法制度の検討を進めるべきだと主張した。これに対し、斉藤氏は、現在は認めていないタクシー会社以外の参入による全面解禁について、現場の混乱を招くとして議論を見合わせるよう求めた。

関係閣僚同士の意見が真っ向から対立した形だ。この日の意見交換は国交省側が提案し、デジタル庁にある河野氏の執務室で行われたという。見方によれば、国交相は全面解禁を推す河野氏の本拠に乗り込み、全くそのつもりがないことを念押しした、ともとれる。

戦後、経済成長とともに伸びてきたタクシー業界も、業務の厳しさや収入の低さなどを理由に、業界を離脱するドライバーが急増し、需要に応えられなくなってきた。そこで、期待されたのがライドシェアだが、日本版はあくまでも日本版。いや、ガラパゴス版かもしれない。利用者にとっても、空いた時間と車を有効活用したいドライバーにとっても、ウィンウィンの仕組みになるか、目的地までの道のりはまだまだ険しく遠そうだ。

栃木、長野、群馬、福島の4県で、2024年4月末から5月中旬にかけて、山間部の住宅の少ない地域にある民家を襲う緊縛強盗事件が相次いで起きた。

被害に遭ったのが、いずれも周囲から孤立する民家で、〝ポツンと一軒家強盗〟とも呼ばれるこれらの事件。犯行は、同一犯による可能性が高いとみられる。普段はのどかな場所で起きた突然の凶行に、住民は「この辺りで、こんな事件は初めて」と慄《おのの》いていた。

のどかな山間部の〝ポツンと一軒家〟が狙われる

4件の緊縛強盗事件で、最初に起きたのは、4月30日。栃木県日光市で、一人暮らしの75歳の男性が就寝中に襲われた。男性は、手足を縛られ、暴行を受けた上、現金3万円余りの入った財布を奪われた。押し入ったのは、20代くらいの2人組の男で、片言の日本語で金を要求した。

続いて、5月6日には長野県松本市で、8日には群馬県安中市で、さらに、14日には福島県南会津町で、民家に押し入った複数の男に住民が現金を奪われる事件が起きた。

共同通信によると、栃木、群馬、長野3県警の合同捜査班は、同月16日、栃木県で起きた強盗事件の被害者名義のキャッシュカードで現金を引き出そうとしたとして、窃盗未遂の疑いでベトナム国籍の男（25）を逮捕。出入国管理・難民認定法違反（不法残留）容疑で同国籍の男（23）を逮捕した。

最近、都市部では、防犯カメラがあちこちに設置され、何か事件が起きても、短時間で犯人の足跡が追えるようになった。しかし、人通りが少なく、防犯カメラもあまりない地方の山間部は、一種の盲点だ。むしろ、強盗犯に狙われやすい危険地帯になりつつある。

事件が起きた現場近くの住民が嘆いたように、従来、こうした地域では、あまり凶悪な事件は起きなかった。それが危険な場所になったのは、高齢化と過疎化が進み、コミュニティーの交流も減っていることが原因だ。

それでも、過疎地の多くの住民の安全に対する感覚は、平穏だった昭和の頃とあまり変わらず、自宅に鍵をかけない住民も多い。住民の意識に加えて、自治体、警察もこうした犯行について、あまり留意してこなかった。今、悪い奴らにその盲点を突かれている。

２０２３年には、関東地方などの閑静な住宅地で、いきなり刃物や鈍器で住民を襲う強盗事件が続発し、殺された被害者も出た。実行犯を操っていたのが、東南アジアに潜む複数のグループだった事実も世間を驚かせた。世界のデジタル化が犯罪の姿を変えつつある。

錆びついてきた「安全神話」　米国に近づく要人テロ

治安の盲点を突かれたといえば、2022年、23年と続いた元首相、現首相へのテロ行為も忘れるわけにはいかない。

2023年4月15日、岸田文雄首相が衆院補選の応援に訪れていた和歌山県内の演説会場で爆発事件が起きた。和歌山県警は、この事件で、木村隆二容疑者（24＝当時）を威力業務妨害容疑で現行犯逮捕した。

まるで再現劇のような出来事だった。岸田首相が襲われた爆発事件は、その状況が、前年7月、奈良市で参院選の応援演説中に安倍晋三元首相が銃撃された事件と、そっくりだったからだ。国政選挙の地方遊説で、支持者らに紛れた被疑者が手製と思われる〝武器〟を使って襲った。岸田首相は難を逃れたが、その後の捜査で、爆発物の殺傷能力は予想以上に高いことが分かった。

和歌山県の鄙《ひな》びた漁港で起きた衝撃的な事件は、要人が一般市民に触れ合う現場での襲撃だった。岸田首相が無事だったこともあり、メディアはほとんど報じなくなったが、問題の深刻さは少しも減じていない。

２０２４年７月13日には、米国のドナルド・トランプ前大統領が東部ペンシルベニア州で演説中に銃撃を受けた。トランプ氏は右耳を負傷しただけで、命に別状はなかったが、ほんの少しの差で、暗殺という最悪の事態に至るところだった。米国では、過去４人の大統領が暗殺されている。要人テロという点で、日本は米国に近づいているようだ。

岸田首相襲撃事件は和歌山県の鄙びた漁港で起きた

日本で相次ぐ凶悪な事件に共通するのは、近年のＳＮＳやネット情報の急拡大だ。手製の銃器や爆発物は、その気になれば、ホームセンターやネット通販で入手した材料で簡単に作れる。資産家の個人情報も、以前に比べずっと入手しやすくなっている。犯行の指示は、スマホさえあれば海外からでも簡単だ。

昭和の高度成長期に形作られ、平成、令和と引き継がれてきたはずの「安全神話」は、目に見えて錆びついてきた。それにも拘らず、社会全体の構えは、ほとんど変わっていない。日本社会の強さの象徴だった安全・安心は、成功体験のぬるま湯に浸かっているうちに、少しずつだが、確実に根腐れしつつある。

G7広島サミット参加国からは不安の声も出た

安倍元首相暗殺事件の後、首相や閣僚、首相経験者ら要人の遊説については、警察庁が直接、警備計画を管理していた。以前に比べれば、警護体制は強化しているようにみえたが、それでも、事件は起きた。会場で手荷物検査は行われず、パイプ爆弾をバッグに隠し持った若い男が易々と群衆に紛れ込み、首相からわずか10メートルの距離まで近づいていた。

現場で木村容疑者を取り押さえた地元漁民の一人は「みんな手ぶらで来ているのに、あんな大きなバッグを背負った人間は場違いだった」と証言している。一般人が違和感を覚えていたのに、木村容疑者は、事前に警察官や関係者に誰何《すいか》されることもなかった。

もし、爆発物が地面に落下した直後に爆発していたら、首相の生命に危険が及ぶ可能性もあった。幸い、爆発までに時間があったが、現場の映像では、首相の足元に爆発物が落ちた直後、SPの一人が足で蹴っている。

これは、欧米の要人警護の常識からみれば、危険の大きい動作だ。爆発物が、これに誘発されて爆発する可能性もあった。現職の首相や一般市民をこれほどの危険に晒したことは、警察にとっても、選挙関係者にとっても、大失態だった。

事件後、県警は容疑者宅から鋼管のようなものや工具類、粉末を押収したが、粉末の鑑定で、黒色火薬の主成分が含まれていたことを確認し、容疑者が自作したとの見方を強めたという。

日本経済新聞によると、2023年6月1日に警察庁が公表した事件に関する報告書は、次のように指摘している。和歌山県警と主催者側との侵入防止策の調整が不十分で警護計画の内容に不備があったが、警察庁も事前審査で指摘できなかった——。

なぜ、こんなことになったのだろう。

安倍元首相の事件を含め、現行犯逮捕された容疑者について、マスコミは、家庭環境や政治的背景を大きく報じた。しかし、優先すべきは、これまで安全・安心が当たり前と思われていた日本社会の治安状況の再点検ではないか。

昭和の昔から、定職に就かず、家庭に引きこもる若者は少なからず存在した。その中には、金属バットや刃物で家族や周囲の人間を襲う者もいた。しかし、銃や爆弾を自作して、要人を襲撃する犯罪はほとんどなかった。地下鉄サリン事件などを起こしたオウム真理教の摘発以降、政治や宗教の過激派による組織的なテロ事件も影を潜めた。

戦後の混乱期などには、要人へのテロはあったが、遠い過去の出来事だ。まして、銃や爆発物の規制が厳しい日本では、長い間、一般の個人がこうした武器を入手するのは困難だった。だから、選挙となれば、より多くの聴衆の動員や触れ合いが優先される。首相や閣僚、政党幹部の遊説現場での警備は米国などに比べて、緩いままだ。

しかし、実態をみれば、ネット情報の急拡大で、銃や爆発物を手作りすることは難しくなった。その状況の変化が、安倍元首相や岸田首相襲撃事件で、「ローンウルフ（一匹狼）」と呼ばれる個人による犯行を可能にした。

ネット社会の影の部分がテロ行為などの重大犯罪を助長しているのに対し、治安当局も政党の側も、まだまだ「日本の社会は安全だ」という思い込みから抜け切れていないのではないか。要人を守る側の対応は、昭和時代からあまり変わっていないのが実情だ。

岸田首相襲撃事件から1カ月余り後の2023年5月に開かれたG7広島サミットでは、厳重な警備体制が敷かれたが、一部の参加国からは不安の声も上がっていたという。2025年には参院選がある。「選挙には、政治家と有権者の触れ合いは欠かせない」という政党の論理に押し切られれば、重大な事件がまた起きないという保証はない。

「日本社会は安全」という思い込み

ここ1、2年前から、全国各地で、これまでにはなかったタイプの凶悪犯罪が多発している。見ず知らずの他人をいきなり刺殺したり、家族連れで賑わうショッピングセンターに車を突っ込ませて死傷者を出したり、といった不条理な殺傷事件が頻発。日本の安全・安心の象徴である新幹線も通勤電車も安全な場所とは言い切れなくなった。

街に増えている無人販売店では、代金を払わずに商品を持ち去る窃盗事件が後を絶たない。回転寿司などの外食チェーン店では、湯呑みや醤油瓶を舐めて戻したり、他人が注文した皿に唾をつけたりする「外食テロ」事件もなくならない。

無人販売店の窃盗事件と回転寿司チェーン店などでの「外食テロ」からみえてくるのは、

「性善説」に立った店の仕組み、システムである。たいていの無人店には誰でも入店できる。商品ケースに鍵はかかっていない。客は、そこから商品を取り出して、自己申告で入金し、買い物を終わる。

日本以外の国の常識なら、これでは、盗んでください、という店のしつらえだ。実際、こんな店を海外で出したら、あっという間に店内の商品ケースは空になり、ついでに、入金ボックスも壊されて現金も盗まれるに違いない。

外食テロについても、無人化の影響がないとは言えないだろう。昨今の回転寿司チェーンは、予約から、入店、着席、注文、勘定まで、全てスマホやタブレット端末で済ますことができる。確かに、お客にとっては、一々店員を呼ばなくても、好きな時に好きな品を注文できて、便利で気軽になった。

だが、店員とのコミュニケーションがないということは、直接、監視されないということでもある。だから、ちょっとした悪戯や悪のりで、醤油瓶の口を舐めたり、回っている寿司に手を付けてレーンに戻したり、という悪質な行為に走る者も出てくる。さらには、その様子をスマホで撮影して、ＳＮＳにアップして自慢する連中もいる。

店側が無人化に突き進む理由は、人手不足の緩和とコストダウンだ。しかし、一度、窃盗や外食テロに遭うと、直接の被害にとどまらず、風評被害も小さくない。個人店では、廃業に追い込まれかねない。

日本では、財布を落としても、ほとんど警察や駅などに届けられて、無事に返ってくることが多い――ネット上には、「戻ってくるなんて思わなかった。こんなことは我が国では考えられない」といった外国人観光客らの感激、称賛の声があふれている。

確かに、かつてそれは、日本の常識であり美点だった。だが、貧すれば鈍するとも言う。もう、日本人の正直さを当てにしたビジネスのあり方は通用しないのかもしれない。

警察庁が２０２４年２月に発表した「令和５年（２０２３年）の犯罪情勢」によると、23年の刑法犯認知件数は70万３３５１件で、前年に比べて17％増加した。刑法犯認知件数は、02年の２８５万４０００件をピークに、戦後最少となった21年の56万８０００件まで、19年連続で減少したが、22年から2年続けて増加している。安全・安心ニッポンに黄色信号といったところだ。

有名人を騙る詐欺広告で老後資金を失う不条理

国民の「体感治安」も悪化している。

警察庁の「令和5年の犯罪情勢」は、「体感治安」として、次のようなデータを示している。

2023年10月に同庁が実施した「治安に関するアンケート調査」で、日本の治安について「よいと思う」旨回答した人は全体の64・7%を占めた。その一方で、ここ10年間での日本の治安に関し、「悪くなったと思う」旨回答した人は全体の71・9%に上った。

この調査で、「悪くなったと思う」旨回答した人が、その要因として想起する犯罪については、「オレオレ詐欺などの詐欺」「無差別殺傷事件」「サイバー犯罪」「児童虐待」が多く挙げられていた。

国民の多くは、日本の治安が年々悪化している状況を実感しているようだ。それにも拘わらず、事件が続発するということは、個人にも社会にも、昭和の安全・安心神話から抜け切れていない油断があるからだ。治安悪化への備えが万全とは言えない実情は、最近の新手の

図表4-1 特殊詐欺の認知件数・被害額の推移

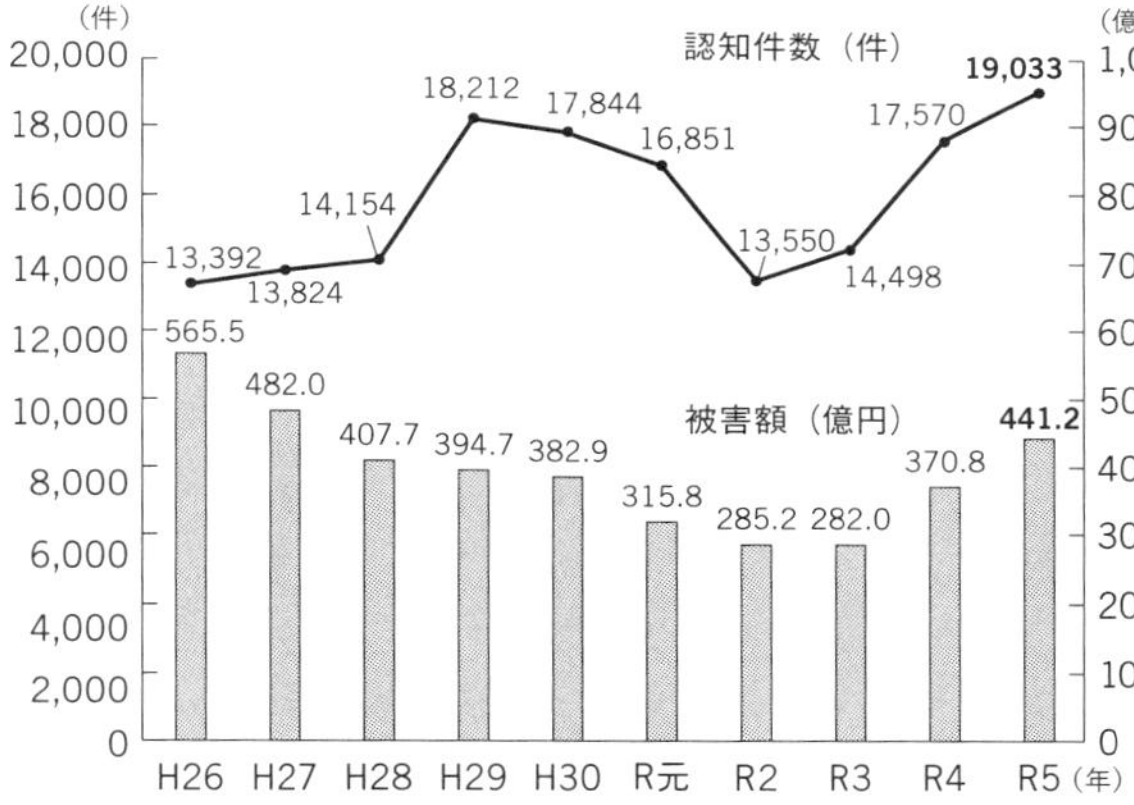

（出所）警察庁「令和5年の犯罪情勢」

詐欺事件などに表れている。

特に目立つのは、有名人を騙《かた》った投資詐欺だ。2023年あたりからネット上で頻発《ひんぱつ》し、中高年を中心に莫大な被害が及んでいる。

この問題が話題になる少し前、筆者もSNSに掲載されていた有名経済評論家の顔写真付きの広告をクリックしてみたことがある。広告といっても、形式は一般の投稿とスタイルが同じなので、つい入っていきやすい。巧妙な誘導の仕方だ。

その内容は、評論家が主宰するという触れ込みの投資の勉強会への勧誘だった。いつでも撤退できることを確認しながら問い合わせてみると、間髪を入れずに、「評論家本人」からメールで返事があり、勉強会に関心を持った理由をしつこく訊いてくる。まず、この時点で、頭の中に黄信号が点滅する。

さらに、こちらの年齢や職業、資産状況などの個人情報を矢継ぎ早に尋ねる。

ここまで来て、黄信号は真っ赤っかの赤信号に。これはニセモノだ、と確信した。あの忙しい評論家が、自分自身でこんな細かい作業をやるだろうか。多数の申込者に対して個別に行うわけがない。この時点で、ニセモノであることははっきりした。だが、人によっては、逆に、「有名人が私に直接、対応してくれる。信じても良さそうだ」と思うかもしれない。

すぐに、削除しようと思ったのだが、その前に投稿画面を隅々までチェックした。すると、怪しい点があちこちにあった。投稿画面の名称は普通、投稿者の氏名だが、ここでは評論家の名字にさんを付けた「○○さん」となっている。自分にさん付けをする時点でアウトだ。その他にも、おかしな日本語表記が散見される。よく見れば、穴だらけなのだ。

それでも米ＳＮＳ大手はなかなか対策を打たない

本書の執筆時点でも、ＳＮＳ上には、ジャーナリストの池上彰氏や実業家の堀江貴文氏、前澤友作氏らの写真を使って本人になりすまし、「投資講座」に勧誘する広告が山ほど出ている。それらは全てニセモノだが、中には、本物と信じて、投資詐欺に引き込まれてしまう人もいる。

例えば、茨城県で起きたケース。

共同通信によると、茨城県警は、２０２４年４月24日、同県内の女性会社役員（70）が投資詐欺の被害に遭い、23年11月から24年４月にかけて、計約７億円をだまし取られたと発表した。経済アナリストの森永卓郎氏を騙るＬＩＮＥのアカウントで勧誘された。

女性は全額を貯蓄から出しており、「顔写真が本物だったので信じ切ってしまった」と話しているという。

同県警によると、女性は写真・動画共有ＳＮＳであるインスタグラムで見つけた投資を勧める広告にアクセスしたところ、森永氏を名乗るＬＩＮＥアカウントを追加する画面が現れた。森永氏本人だと信じ込み、紹介されたアシスタントという女性から、金の積み立て投資で使うアプリのインストールなどを指示され、44回で計6億9000万円を振り込むなどした――。

インスタグラムを所有するのは、米メタ・プラットフォームズである。なりすましの広告を掲載された森永氏をはじめ池上氏や堀江氏、前沢氏らは、当然、メタに抗議したが、「全く相手にされない」と口を揃える。詐欺広告を掲載するプラットフォームのメタなどは、実効性のある対策を打とうとはしない、と非難する。

SNS詐欺広告が大きな問題としてマスコミで取り上げられるようになると、メタは、2024年4月16日になって、ようやく、対策について声明を発表した。だが、その内容は「産業界、専門家や関連機関との連携による社会全体でのアプローチが必要だ」と訴えるものだった。

まるで、自社の責任を回避し、日本社会全体の問題だ、と他人事モードとも受け取れる姿勢に強い反発の声が上がった。

自民党は、同月19日、メタの幹部を招いて対策を聴き取ったが、具体策に乏しく、事実上ゼロ回答だった。削除対応が鈍いとして、出席議員からはメタに対し広告停止の意見まで出た。

この問題は、メタの立場に立ってみれば、簡単には譲歩できない話だろう。同社の収益の柱は広告である。大事な収益源の広告を少しでも減らす対策を打つようなことは、なるべくしたくないのだ。たとえ、その広告が原因で、多くの日本人が虎の子の老後資金を奪われるとしても――。

欧州諸国やメタの創業の地である米国は、市民保護について非常に厳しい対応をとっている。

日本経済新聞によると、メタの創業者でＣＥＯのマーク・ザッカーバーグ氏は、２０２４年１月に、米連邦議会上院の司法委員会の公聴会に呼ばれた際、他のＳＮＳ大手企業幹部とともに、議員から「安全より利益を優先し、子どもを危険にさらしている」と厳しく非難された。ＳＮＳが自殺などを助長したとの報告を踏まえ、「あなたたちの手は血で汚れ、製品が人々を殺している」とも迫られた。

特に、ザッカーバーグ氏に対する非難は激しく、「あなたは犠牲者に自社がしたことの償いをしたのか。今謝罪したらどうか」と責め立てられた。同氏は自社が対策を強めていると説明していたが、議員に強い調子で詰め寄られると、立ち上がって傍聴していた被害者の家族らに向き合い、「あなたたちが経験したことを申し訳なく思う」と謝罪した。

この問題では、日本政府も岸田首相の指示で動き出したが、米国にならって、早急にメタなどSNS大手企業の幹部を政府や国会に招致して、きっちりと実のある具体的な対策をとるよう強く促すべきだろう。

トヨタ自動車が2010年2月に米国で大量のリコール（回収・無償修理）を行った際、米下院監視・政府改革委員会が公聴会を開いた。当時の豊田章男社長（現会長）が招致されて証言。豊田氏は議員の厳しい質問に晒された。ザッカーバーグ氏ら米SNS大手のCEOも、日本の国会に招致されたら、断る理由はないはずだ。

投資詐欺がなくならないのは、投資教育の欠如が原因

ただ、一方で、なぜ、日本ではこういう手口の犯罪が堂々とまかり通ってしまうのか、と

いう疑問は残る。

人生経験も知識も豊富なはずの中高年の人たちが、こんな分かりやすい詐欺に易々と引っかかって、大金を奪われてしまう理由を考えることも必要だ。それは、一言で言えば、昭和に生まれ育った世代の金融や投資についてのリテラシーが乏しいからではないか。2022年度から、高校の授業で金融教育が必修化され、小中学校でも金融教育を行うようになったが、昭和時代には、マネー教育など、ほとんどと言っていいほど行われなかった。

むしろ、日本社会には、「お金は銀行や郵便局に預けておけばいい、株や投資は胡散臭いもの」という風潮が長い間、定着していた。それは、平成を過ぎ、令和になった今もあまり変わっていない。この風潮は、自然にそうなったというより、政府が奨励し、経済界、新聞やテレビなどのマスコミを巻き込んで、意図的に方向付けしたのではないか、とさえ思える。

個人が稼いだお金を銀行預金や郵便貯金に集め、それを企業向けの投融資資金に回す。企業は低利で設備投資や新商品開発、販路拡大を進める。これが、戦後、焼け跡から再スタートした日本の政府がとってきた産業振興策の基本だ。

銀行預金や郵貯にお金を引き付けるため、昭和末期、バブル経済のピークまでは、年6％

という、今では考えられない利率の定期預金が存在した。その後、不況とともに利率も下がったが、物価も上がらなかったので、預貯金以外で無理に増やすことはないと考える人が多数派だった。

だから、大半の国民は投資に不慣れだ。2022年末時点の個人金融資産の内訳をみると、米国では、株式が約40%、投資信託が20%を占めており、現金・預金は13%程度だ。これに対し、日本では、その逆で、24年3月末現在、家計の金融資産のうち現金・預金が50・9%も占めている。株式は14・2%、投資信託も5・4%と少ない。日本の場合は、保険の割合も17・3%と多い（日本銀行　2024年第1四半期の資金循環【速報】）。

投資の経験が少ない国民に対し、ここ数年、政府は「NISA」や「新NISA」を喧伝《けんでん》し、減税までして貯蓄から投資へ、と強く誘導してきた。その結果、国民の間に、投資を始めなければ損をするのでは、という焦りも生まれている。そこを突いたのが、有名人を騙る投資詐欺だ。

知識や経験不足から、何を頼りに投資していいか分からない個人が、フェイスブックなどのSNSに出てきた有名評論家や経済コメンテーターの顔写真付きの広告に引っかかり、いい儲け話と信じ込んで、大金を投じてしまう。その先に待っているのは、悲惨な結末だ。

これは、「投資は怖いもの」と避けてきた昭和式、戦後の通念が生み出した、一種の怪物だ。

騒然とする選挙活動の現場
子どもに叱られる大人たち

「大きな声を出すなよ！　大人なんだから、ちゃんとしろよ！」

２０２４年４月28日に投開票された衆院東京15区の補欠選挙は、選挙期間を通じて、連日、異様な雰囲気に包まれていた。

自民党の議員が失職したのに伴って実施された補選には、同党が候補擁立を見送り、立憲民主党、日本維新の会、参政党、諸派、無所属の９人が立つ混戦になった。だが、注目を集めたのは、諸派の一つから立った候補と党代表らの選挙カーが、他候補の選挙車両を追跡し、街頭演説の場に駆けつけて、大音量のヤジを飛ばして他の候補者の演説が聞こえない状態にしたことだ。

街頭演説の場では、他陣営のスタッフと口論になり、揉み合いになる場面もあった。テレビニュースで、この異様な状況を見た時、深い違和感を覚えた。

本来、選挙活動はルールを守って静穏に行うのが大原則だ。いくら激しい鍔迫《つばぜ》り合いをしていても、街頭で他候補の選挙車両と行き合ったら、互いに「○○候補、ご健闘を祈ります」と挨拶するのが常識だった。今回の選挙では、この最低限のマナーが、この政党によって、あっさり踏みにじられた。

冒頭に引いたのは、たまたまこの騒動に出くわした小学生と思われる男の子の言葉だ。ニュースの画面に映った男の子を見て、「ホント、その通り。子どものほうがよほどまともだ」と思った人も多いだろう。

電話ボックスの上によじ登ってマイクでがなり立てるなど、やりたい放題の党代表や候補に対し、強い批判が集まったが、この陣営は「候補者に認められた合法な行為だ」と突っぱね、同様の妨害行為を続けた。警視庁は、他陣営の選挙運動を妨害したとして、選挙期間中は、公職選挙法違反の警告を出すにとどまった。

選挙後、警視庁は、この党代表と候補ら3人を公選法違反で逮捕した。連行される警察車両の中で、党代表は手錠を掛けられた両手を掲げてダブルピースサインを見せるなど、反省している様子には見えなかった。党代表は7月の東京都知事選にも出馬した。

この候補がテレビのインタビューで、こんな常識外れの行為をする理由について、自ら語っていた。彼らは、選挙中、妨害行為をユーチューブでライブ中継していた。ユーチューブは、視聴者が増えれば、広告収入も増えていく仕組みだ。過激な活動がニュースになり、注目が集まれば集まるほど、お金が入る。そうだとすれば、選挙活動が金儲けの手段になっていた可能性がある。

子どもでなくても、「大人なんだから、ちゃんとしろよ」と言いたくなる。

SNSフル活用とゲリラ街頭演説で旋風　都知事選2位の石丸氏が一石

東京都知事選は、2024年6月20日に告示、7月7日に投開票され、現職の小池百合子氏が2位に大差をつけて3選を果たした。

都民もマスコミも驚いたのが、その2位は、小池氏の対抗馬とみられていた元参院議員の蓮舫氏ではなかったことだ。選挙前、東京ではほとんど無名だった前広島県安芸高田市長の石丸伸二氏が事前の下馬評をひっくり返し、蓮舫氏を押しのけて2位となった。立憲民主党や共産党の強い支持を受けた蓮舫氏が完全無党派の石丸氏に抜かれて3位に沈んだことで、与党だけではなく、野党も含めた政界全体に大きな衝撃が走った。

石丸氏は、1期務めた安芸高田市長時代から、古いタイプの地方議員を歯に衣着せぬ物言いでバッサリ切り捨て、その模様をユーチューブで流し、若者を中心に全国的な人気を集めていた。それでも、東京では当初、「石丸って誰?」という状態で、「ネットでの人気は票にはつながらない。街頭演説には足を止めないし、まして、投票には行かない」というのが、大方の政治記者や政治評論家の見方だった。

ところが、選挙結果をみると、彼らは街頭演説を聴きにいき、投票もしたようだ。NHKの出口調査によると、支持政党別では、石丸氏は無党派層から30%余りと、当選した小池氏と同じくらいの票を集めた。年齢別では、10代と20代の40%余りが投票、30代では約30%と小池氏に並び、40代でも30%余りが石丸氏に投票したとみられる。

石丸氏は、選挙中、毎日数多くの短い街頭演説をゲリラ的にこなし、次第に行く先々で聴衆が膨れ上がった。その模様を「ＳＮＳで流して」とスマホを掲げる聴衆に呼び掛け、ユーチューブなどでどんどん広がっていった。この戦略のもと、街頭演説の回数では小池、蓮舫の両氏を大きく上回り、ＳＮＳでの拡散でも圧倒した。

戦後、紆余曲折はありながらも、結局は、自民党を中心とする保守と社会党の系譜を受け継ぐ革新勢力の争いが続き、ほとんど保守が政権を維持し続けてきた。ところが、盤石《ばんじゃく》と思われた地面はひび割れ、時代の変化が顔を覗《のぞ》かせた。今回の都知事選では、年齢が若く既成政党を支持しない、いわゆる無党派層の多くが、党派色を見せない石丸氏に集中的に投票したのだ。

石丸氏は当落判明後のテレビ各局のインタビューでまともに質問に答えないなど、政治家らしからぬ極端な〝塩対応〟ぶりに批判の声も上がった。「それも戦略」と嘯《うそぶ》く石丸氏のやり方がいつまで運用するかは不明だが、選挙戦術や選挙報道に一石を投じたことは間違いない。

都知事選と同時に行われた東京都議補欠選挙でも、自民党は８人立てて２勝しかできない惨敗を喫した。これらの動きは、与野党を問わず既成政党に不信感を持つ若い人たちによる、一種の叛乱ともとれる選挙行動だった。

選挙ポスターにいかがわしい写真や宣伝文句
戦後の選挙の秩序は崩壊しつつある

一方、都知事選自体も、これまでにはない異様な雰囲気の中で行われた。

発端は、ある政治団体が24人の候補者を擁立する、と発表したことだった。一つの政党や政治団体が首長選挙で複数の候補を立てるというのは、過去に例がないことで、都民もそれ以外の国民も、このニュースを聞いて仰天した。

事実上、当選するつもりがないのに、供託金1人当たり300万円を没収されるのを承知で選挙戦に臨む。選挙に関わる常識が覆される事態だった。

しかも、この団体の党首は、選挙ポスター掲示板にポスターを張り出す権利を売り出すと言い出して、またもや、人々を呆れさせた。本来、選挙ポスターは、候補者が当選を目指して、氏名や顔写真、最も訴えたいスローガンなどを書き込むものだ。それを候補とも政治団体とも関係のない人物に張り出す権利を売る？　多くの人が何を言っているのか、と思っただろう。

自治体の首長であれ、議員であれ、選挙は公職選挙法で規制されるが、法に規定のないことについては、常識の範囲で処理されてきた。今回の行為は、その常識への挑戦だ。

結局、この団体の大量擁立もあって、立候補者は前回の22人を大幅に上回る56人になった。そのため、東京都選挙管理委員会が48人分用意していた掲示板では間に合わなくなり、スペースがない候補には、クリアファイルと画鋲などが配布された。これも、前代未聞。都知事選は、図画工作の世界に近づいてきた。

さらに、ある候補は、ほとんど全裸の女性の写真を載せたポスターを張り出した。また、警視庁は、大量の候補を立てた政治団体の党首に対し、渋谷区の掲示板に風俗店のポスターを張ったとして、風営法違反の疑いで警告した。都知事選で風営法違反？　これは、選挙というより、ほとんどカオスだ。

米ニューヨーク・タイムズ電子版は、都知事選の選挙結果が出た直後に、このドタバタ劇を「これは活気にあふれた日本の民主主義なのか、それとも街にサーカスがやってきたのか」と題し、例によって皮肉たっぷりの評論記事を掲載した。

曰く、東京の有権者が世界最大の都市の知事に投票する際、彼らは豊富な選択肢に恵まれていた。……その中には、「ジョーカー」と名乗り、マリファナの合法化を提案し、一夫多妻制なら国の出生率低下に対処できると主張する者もいた。別の候補者はプロレスラーで、カメラに向けて顔を隠し、人工知能を使って政府の仕事を完了させると誓った。96歳の発明家は炭素を排出しないガス燃料車を導入すると述べ、31歳の起業家は選挙ビデオ（政見放送）でシャツを脱ぎ、「楽しいこと」を約束した——。

いくら世論が「どうなっているんだ。けしからん」と沸騰《ふっとう》しても、選挙の自由がある以上、警察が選挙中にいきなり検挙することはない。こういうことをやっている人たちは、それをよく知った上で行動しているのだ。

本来、日本の首都である東京の今の課題や未来について真正面から議論すべき都知事選で、こんな異常な現象がニュースになるのは、全くおかしな話だ。

先の衆院補選で、自分たちの主張をするより、他の候補を追い回して公選法違反で捕まった候補らの行為といい、今回の選挙ポスター掲示板をめぐる大混乱といい、戦後、昭和の常識に頼り、暗黙のうちに守られてきた選挙の秩序が、ガラガラと音を立てて崩れつつある。

公選法の改正を含め、選挙という民主主義にとって最も重要なシステムを早急に再点検すべき時にきている。

将来に希望の見えない若者が犯罪に走る

経済協力開発機構（ＯＥＣＤ）のデータによると、日本の平均賃金は、ＯＥＣＤの平均より低い。米国は平均の１・９倍だ。韓国にも２０１５年に抜かれた。最低賃金も先進国で最低レベルだ。さらに、税金や社会保険料が上がって、手取りが減っている。

特に、女性の場合、家事や子育ての負担が大きい。共働きをして子どもを持とうとしても、女性の働きやすさは、先進国でワーストレベルだ。収入も増えない、結婚もできない……。

ネットには、こうした若者たちを怪しい世界へ誘うサイトがあふれている。

日本経済新聞によると、「オーストラリア出稼ぎエージェント」と称する求人サイトを通じてオーストラリアの売春店に女性をあっせんしたなどとして、警視庁保安課は２０２４年５月９日、あっせんグループの３人を職業安定法違反（有害業務紹介など）の疑いで逮捕した

図表4-2　各国の年間平均賃金

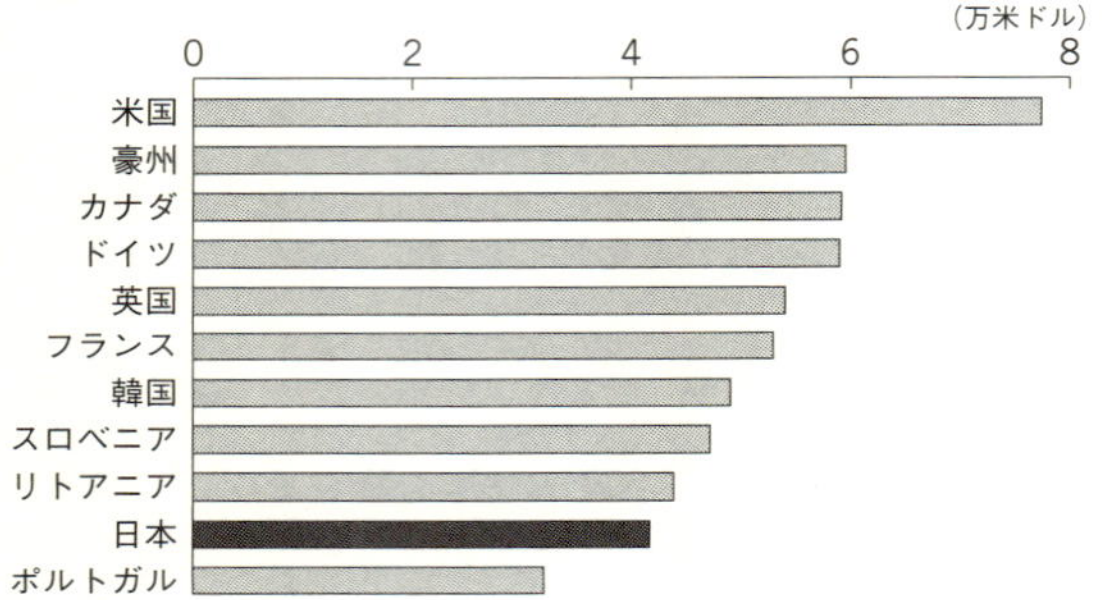

（注）OECDの直近データに基づく
（出所）日経電子版2024年5月9日「年収300万円じゃ働けない　円安ニッポン、見放す外国人」

と発表した。

警視庁が同様のあっせんグループを摘発したのは24年に入って2例目。今回のグループは、約3年間で200～300人の女性を米国、オーストラリア、カナダなどにある売春組織に派遣し、紹介料などとして総額約2億円を得ていたとみられる。

「海外出稼ぎ」とは、オーストラリアやハワイで、簡単な「エスコート」の仕事をするだけ、と誘われる。しかし、実際は、海外での「出稼ぎ売春」である。うまい話に釣られて連絡をとってしまったら、そこが地獄の一丁目だ。

最近、こうした事件が米国内で頻発していると して、日本人の若い女性がハワイなど米国の空港で入国を拒否されるケースが増えている。警視庁によるあっせんグループ摘発の端緒《たんしょ》となったのも、米税関・国境取締局（ＣＢＰ）などから23年春に寄せられた「売春目的で渡航した疑いがあり、入国拒否になる日本人女性が多数いる」との情報だった。そんな犯罪とは無関係なのに、空港で入国拒否された女性たちにとっては、とんだ迷惑だ。

海外への出稼ぎといっても、若い女性がこんな行為に及ぶのは、結局、日本では良い収入が得られないからだ。貧乏な国から豊かな国へ、アルバイト感覚で金を求めて気軽に出掛けたのだ。

19世紀後半、日本がまだ貧しかったころ、農山村や漁村から集められた若い女性が東南アジアなどへ送られ、売春させられた、「からゆきさん」という悲しい歴史がある。21世紀の日本は、再びそういう国になってしまうのだろうか。

第5章

芸能界・メディアから始まった

破裂の連鎖

破裂する昭和の〝闇〟4

国連人権理が警告する旧ジャニーズ児童性加害事件の深刻度

2024年5月28日、日本列島に突然、暴風雨が吹き込んだようだった。それは、23年前半、日本中に深刻なショックを与えた大事件を再び、思い出させた。

共同通信によると、SMILE−UP.（スマイルアップ、旧ジャニーズ事務所）の性加害問題を調査した国連人権理事会の作業部会はこの日、「（同問題に）依然として深い憂慮が残る」とする報告書を公式サイトで公表した。被害者救済に向けた「道のりは長い」とし、スマイルアップ側には被害者の弁護士費用の負担や精神的ケアの拡充を求めた。

作業部会は、スポンサー企業が契約の見直しなどを進めた点について「説明責任を果たした」と評価。スマイルアップ側の対応も「努力が認められる」としつつ、補償を求める被害者の弁護士費用を自己負担させている点などについて「容認し難い」と指摘した。

報告書を取りまとめたのは、専門家で構成するビジネスと人権に関する作業部会。2023年7〜8月に日本を訪問し、企業活動による人権侵害を調査する中で、同社の創業者、ジャニー喜多川氏（19年に死去）による性加害を訴える被害者らに聞き取りを実施した。

作業部会は、日本のエンターテインメント界の問題にも言及。アイドル産業では若いタレントがプロデューサーの要求に従わざるを得ない契約を強いられ、アニメ産業でも過度な長時間労働や不公正な下請け関係がはびこっていると指摘。こうした環境が加害者側を罰しない風潮を生み出し「性暴力やハラスメントを助長している」とした。

日本経済新聞に掲載されたこの記事を読んでいて、最初に浮かんだ感情は、「ものすごく恥ずかしい」だ。日本のマスコミでは、ジャニー喜多川氏の少年たちに対するおぞましい性加害問題は、その後に発覚した宝塚歌劇団のパワハラ問題や自民党の派閥裏金問題などの陰に隠れてしまった。しかし、国連人権理事会は、当たり前だが、誰に対しても全く忖度なく、「この問題はまだまだ終わっていない。我々は注視しているぞ」と約1万キロメートル彼方のジュネーブから、明確に念を押してきた。

この報告書を受けて、性被害を訴える当事者らは5月30日に記者会見を開き、当事者の会・石丸志門副代表が「道半ばというよりも、始まったばかり。全ての被害者を補償救済するということに、一途邁進《いちずまいしん》してもらいたい」と訴えた。

一方、スマイルアップは「指摘内容を精査の上、引き続き、被害者救済に向けて真摯《しんし》に対応したい」などとコメントした。

次々に様々な事件が起きる日本で、ともすれば忘れられそうなこの事件の深刻さを必死に訴える被害者側と事務所側の間の温度差がよく分かるコメントだ。

この問題は、6月26日、ジュネーブで開かれた人権理の会合で正式に報告された。会合では、被害者の一人の二本樹顕理氏がビデオ声明で、日本政府や企業に「性被害が繰り返されないための措置をとってほしい」と訴えた。

ジャニーズ事件、宝塚歌劇団のパワハラ問題、テレビ局が漫画のドラマ化の内容で原作者と揉め、原作者が急死した問題など、とどまることを知らない芸能界の異形のスキャンダル。それらは、一般常識が通用しない芸能界の昭和時代から続く〝闇〟の部分を、相次いで炙り出している。

昭和から続いてきた
異常な児童性加害やパワハラ、セクハラ

いまだ終わっていないジャニーズ事件とは、私たちにどんなことを問いかけているのだろうか。

旧ジャニーズ事務所で起きた事件は、世界の常識では、史上最悪の児童性加害事件の一つだ。

しかし、英ＢＢＣが２０２３年３月の特別番組で報じるまで、週刊文春を除けば、日本のほとんどのマスコミは、まともに取り上げてこなかった。「Ｊ－ＰＯＰの捕食者：秘められたスキャンダル」という番組のタイトルは衝撃的だった。

実際の被害は千人レベルともいわれるこの事件のおぞましさは、華やかなテレビや舞台の世界で活躍したい、スターになりたい、という少年たちの希望に付け込んだ点にある。

普段は決して表舞台には姿を現さないが、実際は芸能界の大立者であった「捕食者」ジャニー喜多川氏は、そういう少年たちに、「スポットライトを浴びたいなら……」などという誘

い文句をちらつかせ、自らの歪んだ性的な欲望を満たすために、少年たちの心と体に深い傷を与えた。

つまり、旧ジャニーズ事務所というのは、喜多川氏にとって、毎日のように自らの欲望を満たしながら、同時に次々とスターを育て、芸能事務所としてのビジネスを成長させる、すなわち金儲けをするという、極めて都合のいい仕組みだった。

被害は、喜多川氏が旧ジャニーズ事務所を創業した頃から起きていた。つまり、ジャニーズ事件というのは、戦後の復興期に始まり21世紀に入っても続いていた、半世紀にもわたる犯罪だった。

喜多川氏のセクハラ行為は、２００３年に東京高裁判決で認定され、04年には、その判決が最高裁で確定した。しかし、マスコミは、新聞が社会面のベタ記事で短く報じた程度で、テレビに至っては、ほとんど無視だった。さらに、19年に喜多川氏が死去したため、歴史の闇の中に埋もれかけていた。

この事件がマスコミで大きく取り上げられるようになったのは、英ＢＢＣが報じ、被害者の一人が名前と顔を出して外国人記者クラブで記者会見した２０２３年４月以降のことだ。

相変わらず、日本はガイアツ（外圧）がなければ動かない。

テレビがこの事件を無視してきた理由として、日頃、旧ジャニーズ事務所所属のスターたちを番組で起用できるかどうかが視聴率を上げるための最重要ポイントだったため、という指摘がある。視聴率は、営業成績に直結する。テレビ局にとっては、生命線だからだ。

旧ジャニーズ事務所の藤島ジュリー景子社長（当時）は、同年９月７日の記者会見で、特別チームによる調査結果と提言を受けて、事務所としても個人としても、ジャニー喜多川氏に性加害はあったと認識していると認めた。その後、東京のキー局は相次いで社内調査を実施し、検証番組を放送した。検証番組では、制作サイドから大なり小なり圧力や強い要請があり、大きくは報道しない〝空気〟があった、と認めた局も多かった。

旧ジャニーズ事務所所属のタレントが出演する番組は、年々、ネットに客と広告を取られ、制作費が乏しくなるテレビ局にとって、数少ない稼げるお宝コンテンツである。従って、旧ジャニーズ事務所の逆鱗に触れて、そのお宝を失うようなことをやってもらっては困る、という歪んだ内輪の理屈だ。

もし、社内外の圧力に屈して報道の義務を果たさなかったのだとすれば、テレビ局の報道機関としての存在基盤を揺るがす事態だ。報道を控える判断を下した各局の幹部は、放送マンとしての誇りをどこに置き忘れたのだろうか。

さらに、2024年5月16日には、旧ジャニーズ事務所の元社員2人による性加害について、ジャニー喜多川氏の事件の被害者で元所属タレントの男性2人が警視庁に捜査を求める要望書を出した。この件については、3月にBBCが公開したインタビュー動画でスマイルアップの東山紀之社長が認め、同社も「本事象を認識している」としていた。

スマイルアップの2024年3月28日付ホームページによると、同社はこの社員2人に対し、23年9月までに「関係法令及び就業規則等に従って厳正に対処した」としている。しかし、もし、性加害が事実で、公訴時効にかかっていない可能性があるとしたら、犯罪として立件される可能性もある。

これも、また、驚くべき話だ。ジャニーズ事件といえば、1人の「捕食者」による単独の犯行とされてきたが、それを真似た社員が2人もいて、同様の手口で少年たちに対する性加害に手を染めていた。彼らが社内処分されて退社したのは、ついこの前である。会社としての被害者への対応はどうなっているのか、大きな疑問が残る。

ジャニーズ事件が現在進行形の〝闇〟の物語である証左と言えるだろう。

昭和以来の〝鉄のトライアングル〟復活望む業界

事件にスポットライトが当たり、旧ジャニーズ事務所が「捕食者」の性加害を認めた頃、所属するタレントが出演しているテレビ番組への提供クレジットやCMを外すスポンサーが相次いだ。その代わり、やたらとACジャパンの代替広告が流れていたが、それもだいぶ影を潜めた。

旧ジャニーズ所属のタレントのうち、自力でやっていける自信のあるベテランや海外進出を狙う人たちの多くは、いち早く退所していった。しかし、旧ジャニーズ事務所は、元ソニー・デジタルエンタテインメント社長の福田淳氏をCEOに迎えて、タレントのマネジメントなどを行うSTARTO　ENTERTAINMENT（スタートエンターテイメント）を新たに設立した。

多くのタレントがスタート社に所属するかマネジメント契約を結んで、芸能活動を続けている。テレビ画面を見ている限り、以前とあまり変わったようには感じられない。まるで何もなかったようだ。

旧ジャニーズ事務所は、スマイルアップと社名を変え、社長も藤島ジュリー景子氏から東山紀之氏に交代した。だが、スマイルアップの株式は、相変わらず、藤島氏一人が100％所有している。同社は、1975年＝昭和50年の会社設立から続く、オーナー会社のままなのだ。

社名変更と社長の交代、マネジメント会社の設立……こうした動きは、一見、大きな変化のように思えるが、俯瞰《ふかん》してみると、結局、看板をかけ替え、見栄えのいい人気者やプロらしい雰囲気満点の業界人をトップに据えただけではないか、との声も上がっている。

2023年の秋、ある民放関係者とジャニーズ事件の業務への影響について話した時、「いつ頃になったら、この騒動は収まりますかね」と尋ねられた。ずいぶん楽観的だな、と思ったが、これがテレビ業界の平均的な希望だなと受け止め、「長引くんじゃないかな。そう簡単な話じゃない。業界関係者が考えているより、ずっと深刻な問題だと思う」と答えた。

テレビ局の側も、早く元の状態に戻したくて仕方がないようにみえる。なぜなら、それが、テレビ局と大手広告代理店と有力芸能プロダクションで構成する、昭和以来、高度成長時代以来の〝鉄のトライアングル〟であり、金の生《な》る木だからだ。

この問題を取り巻く状況は、そう単純なものではない。ジャニーズ事件がどのくらい尾を引くかは、テレビ局にとって最大の関心事である営業成績に関わる。スポンサーの大企業、特に海外でのビジネスの多い企業になればなるほど、この問題に対して神経を尖らす。欧米では、「まだ、少年に対する性加害を行った芸能事務所と関係があるのか」とみられれば、不買運動すら起こりかねないからだ。

旧日本軍を彷彿とさせる宝塚の〝闇〟

可愛らしい制服のタカラジェンヌが、阪急マルーンと呼ばれる濃い小豆色の阪急電車が通るのを見ると、深々と頭を下げる——しばらく前まで続いていた宝塚音楽学校のこの習慣を、誰もが、微笑ましい光景と思っていた。その習慣の理由が、「上級生が乗っているかもしれないから」と聞いても、そこまで礼儀正しいとは……と多くの人が感心し、タカラジェンヌらしいエピソードと受け止めた。

だが、それが、タカラヅカという一見、華やかな世界の内側に、何十年も前から巣食う壮絶なパワハラの一端であり、氷山の一角であることが、突然、一般の国民に知れ渡った。

きっかけは、2023年9月に起きた、一人の劇団員の女性の非業の死だった。

その女性は、宝塚市内の宝塚歌劇場を望むマンションの敷地内に倒れているのを発見された。警察が駆けつけたが、状況から、女性はマンションの最上階から飛び降りたものとみられる。

この女性は、宝塚歌劇団の宙《そら》組に所属する俳優（当時25）だった。

当初、劇団も劇団を運営する阪急阪神グループも、それほど大ごととは捉《とら》えていなかった節がある。団員が亡くなったことに哀悼の意を表したものの、それ以上の反応はなかった。ましてや、自ら命を絶った原因が劇団の組織や運営方法、長年続く奇妙で苛烈なパワハラにあった、などとは、思ってもみなかっただろう。

木場健之理事長（当時）は、女性が死亡した翌日、「宝塚舞踊会」の開演前に観客に対し「昨日の報道については哀悼の意を表します。しかしながら、現時点では詳細は公表しません」と発言。劇団は「お客様にはご心配をおかけし、深くお詫びします」とコメントしただけで、公演は予定通り行われた。

世の中が騒然としたのは、週刊文春電子版が10月5日に「前日、母に『精神的に崩壊して……』宝塚宙組娘役（25）を自殺に追いつめた《罵声、隠蔽、板挟み》」として、死亡の背景を報じてからだ。

この特集記事では、壮絶としか表現のしようがない、いじめやパワハラ、嫌がらせが横行する宝塚歌劇団の実態が次々に明かされた。稽古でミスを連発した下級生は、ＳＮＳ上のグループで、「まじでいい加減にしろよ」「お前、ぶっ飛ばすぞ」「一刻も早く謝れよ」などのメッセージを浴びせ続けられる。下級生が「すみません」と謝罪しても、「許さねえから」と拒絶……。

最大の〝事件〟は、２０２１年7月の新人公演の直前に起きた。同記事は、宙組関係者の話として、３期上の娘役上級生が「『前髪の作り方を教えてあげる』と言い、高温のヘアアイロンを女性（記事では芸名）の額に押し付けた。女性はショックを受け、新人公演の時はギリギリの精神状態で出演していたといいます」と伝えた。

女性は体調不良を理由に、この年の秋冬公演「プロミセス、プロミセス」を全日程休演。相談を受けた親族が怒ってプロデューサーに話したが、上級生が「私、そんなことしません」

と事実無根を主張したため、事件はなかったものとして蓋をされた、という。同誌の問い合わせに対し、「前髪作りを手伝った際、『誤って当たってしまった』と両当事者からの証言を受けております。『押し付けた』事実はありません」と回答した。

宙組では、2023年9月29日開幕の宝塚大劇場での公演「PAGAD（パガド）」に向けて、8月15日から稽古が始まった。ところが、女性は、毎日のように、宙組の幹部から激しい叱責を受けた。「あんたが下級生をまとめないでどうするんだ！」と執拗に怒鳴られ、連日連夜、泣きながら謝り続けていた、と宙組の生徒の一人が証言する。

心身ともに追い詰められた女性が自死を選んだのは、「PAGAD」公演初日の翌日30日だった。陰湿なパワハラやいじめがはびこり、自殺者まで出した宝塚歌劇団内部の内情が明らかになるにつれ、世間には静かに、だが確実に衝撃が広がった。

美しい容姿と煌《きら》びやかな衣装のタカラジェンヌたちが、外部の目に触れないところでは、口汚い言葉で下級生を罵倒し、精神的に追い詰める毎日を送っていた……。これは、旧日本軍に蔓延していた、悪名高い精神主義、古参兵による初年兵に対する私的制裁を彷彿とさせる行為だ。報道が続くにつれて、沈黙を守ってきたOGたちの口からも、想像以上に厳しいタカラヅカの上下関係などが、少しずつ語られ始めた。

太平洋戦争の敗戦で、こうした昭和の悪弊は一掃されたと思っていたら、思わぬところに温存されていた。旧日本軍の暗い記憶と「清く正しく美しく」のタカラヅカ。この極端に違ってみえる２つの組織に思わぬ共通項があったことに、ショックを受けた人も多い。

阪急阪神グループの「顔」が泥まみれに

劇団側は、その後、外部の弁護士による調査報告書を発表したが、結果は「いじめやハラスメントは確認できなかった」とし、事件後に就任した村上浩爾新理事長は、記者会見で遺族側が明らかなパワハラだと主張していることについて問われると、「証拠があるなら、ぜひお見せいただきたい」とまで言い放った。当然、この発言は世間で大炎上し、その後、謝罪に追い込まれた。

労働環境のお目付役である労働基準監督署も動いた。日本経済新聞によると、西宮労基署は２０２３年11月22日、歌劇団に立ち入り調査した。女性の自死までの時間外労働について、遺族側は「過労死ライン」を大幅に超える約２７７時間と推計。劇団側の外部弁護士ら

“事件”を受けて公演を中止した宝塚歌劇団

による調査報告書でも、亡くなる前の「活動時間」を「労働時間」とした場合、「（１カ月に）１１８時間以上の時間外労働があった」と認定した。

宝塚歌劇団は２０２１年９月にも、スタッフの労働に関して、西宮労基署から是正勧告を受けている。しかし、その後も、劇団員の異常なほど長い労働時間や上級生による過剰な叱責、重い仕事の負担などは基本的に変わらず、この時の教訓は生かされなかった。

遺族側は、女性が亡くなる直前に母親と交わしたＳＮＳのメッセージなどをパワハラの証拠として明らかにした。劇団側と遺族側の協議が続いた結果、２０２４年3月になって、劇団側は、遺族側が指摘したパワハラのほとんどを認めた。阪急阪神ホールディングス（ＨＤ）の角和夫会長も謝罪の意思を表明した。

結局、この問題で、宙組の公演は２０２４年に入っても中止になり、公演が再開されたのは同年6月20日になってからだった。同年に予定されていた宝塚歌劇団の創立110周年行事は取りやめとなった。角会長は歌劇団の理事を辞任した。何より、阪神タイガースと並んで、阪急阪神グループの顔だったタカラヅカの看板が泥まみれになったことの影響は計り知れない。

歌劇団は、昭和、平成、令和にわたる長い間、密かに噂されてきた閉鎖体質に由来する小さな〝事件〟が起きるたびに「事実無根」と繰り返し、根本的な改革を怠ってきた。むしろ、より多く稼ぐために、宝塚と東京以外での公演を増やし、当然、劇団員の負担も増していった。将来を嘱望されていたタカラジェンヌの自死は、その歪んだ構図の中で起きた悲劇だったのだ。

結果として、阪急阪神グループ全体のイメージも地に落ちた。6月14日に開かれた阪急阪神HDの定時株主総会では、女性の死亡に関するパワハラの認定が遅れた経営陣への批判が相次いだ。

日本経済新聞によると、角会長は、総会で、2003年に阪急電鉄の社長に就任して以来、20年以上経営トップに就いていることを批判されると、「去就については自覚しており、

75歳として近々辞退はする。来年までは今の体制でいかせてもらう」と突っぱねた。

しかし、取締役選任議案で、角会長への賛成比率は、可決ギリギリの57・45％にとどまった。2023年の総会での90・46％から33ポイントも落ち込み、限りなくレッドカードに近いイエローカードを突きつけられた。

宝塚歌劇団に巣食う長年の悪弊を放置した結果、阪急阪神グループにとって、企業統治の点でも非常に苦しい結果となった。

ドラマ原作漫画家の死でテレビ局や出版社に批判殺到

かつて、テレビドラマといえば、大御所から若手まで、様々な脚本家がオリジナルの脚本を書き下ろし、テレビ局のプロデューサーやディレクターと内容を検討しながら作り上げるものだった。原作ものもあったが、少数派だった。だが、最近のドラマには、何らかの原作のあるものが多い。中でも、存在感を増しているのが漫画だ。

その漫画原作のドラマ制作を巡って、痛ましい出来事が起きた。

日本経済新聞によると、「セクシー田中さん」などの作品で知られる漫画家の芦原妃名子

（本名・松本律子）さん（50）が２０２４年1月29日、栃木県内で死亡しているのが見つかった。捜査関係者への取材で分かった。現場の状況から自殺とみられる。

「セクシー田中さん」は小学館の雑誌で連載しており、２０２３年10月から12月に、日本テレビ系でドラマ化された。脚本や登場人物の設定を巡って、日本テレビ側と見解の相違などがあったとみられ、芦原さんのものとされるブログなどに経緯などが記されていた。

芦原さんの死亡を受けて、ファンや漫画家たちからは「そこまで追い詰められていたとは……」と悲痛な声が上がった。テレビ局や出版社に対しては、「何で原作者を守れなかったのか」と詳細な経緯の説明を求める批判が噴出した。

日本テレビは、２０２４年5月31日、この問題の社内調査の結果を公表した。脚本を巡って制作者側と原作者側との意思疎通がうまくいかず、認識の食い違いが生じて、信頼関係が失われていったことを明らかにした。初回放送まで6カ月

ドラマ『セクシー田中さん』の原作漫画

程度という制作期間は短かった可能性があると指摘した。

原作者の芦原さんの「必ず原作に忠実に」「終盤は原作者が脚本を書くこともありうる」という条件が小学館から出されているという認識が制作の現場に伝わらず、脚本家にも伝えられていなかったという。

こうした食い違いの積み重ねの結果、芦原さんの制作サイドに対する不信感を決定的に強めたのが、プロデューサーの〝嘘〟だった。芦原さんがドラマの撮影シーンについて小学館を通じて問い合わせると、「そのシーンは撮影済み」と報告を受けた。だが、実際は撮影を5日後に予定していた。これも、芦原さんが後で知った。虚偽の説明について、背景には、芦原さんから撮影変更を求められることへの懸念があったという。

制作側への不信が頂点に達し、最後の9話と10話は、芦原さんの申し入れで、芦原さん自身が脚本を書くことになり、1話から8話までを担当した脚本家は降板となった。

降板した脚本家がSNSに「私が脚本を書いたのは1~8話で、最終的に9・10話を書いたのは原作者。誤解なきようお願いします」などと投稿。これに注目が集まったため、芦原さんが2024年1月、自身のSNSで、制作側とトラブルになって9話と10話の脚本を書いたことを説明した。すると、脚本家に対する非難が巻き起こり、芦原さんは「攻撃したかったわけじゃなくて。ごめんなさい」と投稿した後、行方が分からなくなり、死亡しているのが見つかった。

小学館の編集者と脚本家との間では、脚本を巡る意見の違いが大きいことが分かった。小学館側は、芦原さんの意向を制作側に伝えていた、と強調するが、脚本家は、芦原さんが9・10話の脚本を執筆した経緯について「初めて聞くことばかり」とした。

昭和から続くエンタメ業界の悪弊「やりがい搾取」

こうした経緯から浮かび上がるのは、ドラマ制作に関わる人たちの間のコミュニケーションが驚くほど曖昧だという実情だ。その中心にいるテレビ局のプロデューサーは、予算や制作時間の制約の中で、何とか最終話の撮影終了まで持っていくのが本務である。だからこそ、とっさに、完成の障害になる撮り直しを防ぐため、虚偽の説明までしたのだろう。

２０２４年６月３日、小学館もこの問題について、特別調査委員会による調査報告書を公表した。報告書では、小学館側は「原作に忠実に」といった芦原さんの要望を日本テレビ側に伝えていたが、契約条件では、「文面上必ずしも明瞭ではない」とした。

日本のエンターテインメントの世界では、大事なことでも、文書できちんと決めていないケースが多い。だから、後になって、言った、言わないで争いになる。これは、テレビが勃興した戦後の高度成長期、昭和の真っ只中の頃から、ほとんど変わらないまま、今日に至ってしまった悪弊だ。権利関係に敏感なエンタメ大国の米国では、考えられないことである。

それにしても、原作者も脚本家も大企業である出版社とテレビ局の利害の中で振り回されていることに、強い違和感を覚える。

漫画家やアニメ作家、脚本家は、憧れる人の多い職業である。だが、実際の現場では、好きなことをやっているのだから、厳しいスケジュールや安いギャラは我慢しろ、という理屈が通りやすい。当人は、それでも、好きな仕事を続けたい、と往々にして悪条件も受け入れてしまう。

さらに、漫画家の場合、出版社側も、作品がテレビドラマ化されれば、宣伝になって原作漫画本も売れるのだから、多少の〝テレビ向け〟の変更は受け入れてくれ、となりがちだ。

今回の問題の背景には、エンターテインメント業界に蔓延するこうした「やりがい搾取」があるのではないか。日本のエンタメの世界には、一般常識が通用しない昭和から続く〝闇〟の部分がまだまだ残っているようだ。

不祥事が途切れない日本大の「マッチョな体育会系」体質

スポーツの世界でも、このところ、昭和の悪弊を引きずるような事件や不祥事が起きている。

前理事長が脱税で逮捕されるなど、不祥事が続いた日本大学で、立て直しを託された林真理子理事長は、2023年12月4日、この年2度目の謝罪記者会見に臨んだ。表情は硬く、日頃の快活さや笑顔は全く見られなかった。

林理事長の気が重かっただろうことは想像に難くない。記者会見のテーマは、アメリカンフットボール部員らの違法薬物事件だったからだ。

この事件の発端は、2023年8月、警視庁が大麻取締法違反と覚醒剤取締法違反の疑いでアメフト部の寮を家宅捜索し、間もなく、3年生の同部部員（当時）を大麻取締法違反

（所持）の疑いで逮捕したことだった。

その後、4年生の部員も麻薬特例法違反の疑いで警視庁に逮捕されるなど、計3人が逮捕され、2024年3月までに計11人が逮捕、書類送検された。

この事件では、当初、日大当局がすぐに警察に届けなかったなど、対応の不適切さも問題になった。事件を受けて設置された日大の第三者委員会は2023年10月31日、報告書を公表したが、その内容は、日大の執行部に対して、非常に厳しいものだった。

日本経済新聞によると、第三者委の報告書は、林理事長、酒井健夫学長、元検事で競技スポーツ担当の沢田康広副学長の3人について、「立証されていない事実を矮小化《わいしょう》し、不都合な情報に目をつぶり、自己を正当化する姿勢はコンプライアンスの欠如を如実に表している」と批判。組織のガバナンス機能を阻害したと認定した。

事件への対応を主導した沢田副学長は、大麻の可能性が高い植物片を見つけながら大学本部で保管を続けた。

警察への連絡までに「空白の12日間」が生じたことについて、同日の記者会見で、第三者委の綿引万里子委員長は「非常に大きな問題」と強調。報告書では「世の中の常識から乖離《かいり》した独自の判断基準で、法人の信用を著しく失墜させた最大の原因といっても過言ではない」と強く批判した。

この事件で逮捕された3人のうち麻薬取締法違反（所持）の罪に問われた元部員は執行猶予付き有罪判決が確定し、他の2人は麻薬特例法違反の罪で罰金刑を受けた。東京地検は、書類送検された8人をいずれも不起訴処分とした。

事件とその後の対応の責任をとって、酒井学長と沢田副学長は辞任、林理事長は、減給50％の処分を受けた。だが、沢田副学長は「林理事長に辞任を強要されるなどのパワハラ被害を受けた」として、１０００万円の損害賠償を求める訴訟を東京地裁に起こすなど、執行部内でのゴタゴタは続いた。

肝心なところでガバナンスが失われる昭和型組織の悪い面

この問題で、アメフト部は、２０２４年1月、廃部となり、部の指導陣4人も解任された。日大の学校経営にも大きな影響が出た。日本私立学校振興・共済事業団（私学事業団）

は日大への23年度分の私学助成金を全額不交付とすることを決めた。私学事業団は、不祥事が相次いだことを理由に、21~22年度分も交付を見送った。全額不交付は3年連続だ。

林氏は、前理事長が医学部付属病院の建て替え工事などで受け取ったリベートなどの所得税を免れた所得税法違反（脱税）で有罪になった後の2022年、日大に請われて理事長職を引き受けた経緯がある。独裁体制といわれた前理事長による閉鎖的な体質を打破するために、白羽の矢が立った。林氏も「母校をなんとかしたい」と「体育会系」のマッチョな大学の体質を改める、としていたが、現実は、なかなかうまく動かなかった。

そもそも、アメフト部は2018年にも、関西学院大との定期戦で悪質なタックルをさせたとして、監督、コーチが解雇された。この事件の背景として、アメフト部には、監督、コーチの指示に対して絶対逆らえない、チームプレーの名のもとに、常に個よりも全体が優先されるという昭和式の古い体質があったとされる。

日本経済新聞によると、前理事長は、日大相撲部の出身で、日大では監督や総監督を務め、日本相撲連盟副会長や日本オリンピック委員会（JOC）副会長なども歴任し、学外での人脈も幅広かった。

2008年に理事長に就任。日大関係者によれば、意に沿わぬ幹部を左遷する「恐怖政治」の半面、従順な部下を重用して体制を固め、5期にわたって再任を果たした。それを支えたのは、自らの権力と、マンモス私大が持つビジネス上の魅力を背景に取引業者との間で築き上げた「集金システム」だった。

日大前理事長のこうしたやり方は、旧日本軍の「上意下達」の精神と、肝心なところでガバナンスが失われるという昭和型の組織の悪い面が出た典型例だ。林理事長が就任してからも、「マッチョな体育会系」的な体質はなかなか変わらなかった。それは、戦後の日本経済の発展を支えた企業社会にもいまだに残っている負の遺産でもある。

大相撲で繰り返される暴力問題の〝闇〟

2024年2月23日、大相撲の世界に、衝撃が走った。日本経済新聞によると、日本相撲協会は同日、兄弟子2人への暴力行為が明らかになった幕内北青鵬が引退すると発表した。協会は同日、東京・両国国技館で臨時理事会を開き、北青鵬と師匠の宮城野親方(元横綱白鵬)への処分を決めた。北青鵬については23日までに本人から出された引退届を受理して「自主引退」扱いにするものの、理事会では引退勧告の処分が相当だったことが確認された。

師匠の宮城野親方は監督責任が問われ、「委員」から「年寄」への2階級降格と、3カ月の20％報酬減額の処分が下された。宮城野部屋は、所属する伊勢ケ浜一門が預かることになった。

協会の発表によると、北青鵬は2022年7月の名古屋場所中、兄弟弟子に対し、顔面への平手打ち、突き飛ばしなどの暴力を加え、肘にケガをさせた。また、別の兄弟弟子にほうきの柄で臀部《でんぶ》を1回打つなどした。23年11月の九州場所中には2人の財布や右手指に瞬間接着剤を塗布した。22年8月以降、2人に対しての日常的な暴行も確認され、なかには殺虫剤スプレーで点火して2人に近づけるなどの危険な行為もあったという。

協会によると、北青鵬は深く反省し、「暴力行為を二度と繰り返さない」と誓約した上で、「許されるなら今後も相撲を取り続けたい」と希望した。だが、協会側は「(被害者の)被害感情が強い」「(被害者の)反応を面白がるなど卑劣極まりない行為」などを理由に受け入れなかった。

宮城野親方については2022年7月の名古屋場所での北青鵬の一部行為を把握しながら協会に報告をしなかったことや、再発防止策をとらなかったこと、同親方が現役時代に元横綱日馬富士による暴行事件の現場に同席していた事案などで3回の処分を受けていることなどから、異例の厳しい処分となった。

北青鵬はモンゴル生まれで北海道出身。204センチの長身を生かした四つ相撲で将来を嘱望されていた。

大相撲では、数年ごとに、力士の暴行が問題になってきた。2017年に起きた元横綱日馬富士による幕内力士の貴ノ岩への暴行事件を受けて設置された日本相撲協会の第三者委員会、暴力問題再発防止検討委員会は、18年10月、協会に報告書を提出し、内容を公開した。同委の調査に対し、2017年に暴力を受けたと回答した協会員の割合は5・2%で、1979年の37%からは減少しているが、暴力が指導の手段として用いられてきたと分析。相撲部屋内での兄弟子から弟弟子への行為がほとんどだった。2007年の時津風部屋での力士暴行死事件に対する反省や再発防止策が十分に生かされなかったと言及していた。しかし、その後も、陰惨ないじめや暴力は繰り返されている。

髪形自由、エンジョイ・ベースボールで新風吹き込んだ慶応高

２０２３年夏の甲子園を制したのは、神奈川県代表の慶応義塾高校だった。全国高校野球選手権大会の決勝は、8月23日、慶応と宮城県代表の仙台育英が対戦し、慶応が１９１６年の第2回大会以来１０７年ぶり2度目の日本一となった。

優勝を決め、マウンドに駆け寄って喜ぶ慶応ナインの姿は、毎年繰り返される光景だったが、一つだけ違うのは、選手たちの髪が丸刈りではなく、一般的な大学生や社会人と同じごく普通のさらさらな髪形だったことだ。

これは、髪は丸刈り、軍隊の行進を思わせる入場行進など戦前から続く昭和式の高校野球の常識を破るものだった。しかも、戦後間もなくの頃から、慶応高校では、髪形は自由だったという。長い間、追随する学校はほとんどなかったが、最近は、この髪形自由は高校野球界で急速に広がりつつある。

同年11月に日本経済新聞のインタビューに応じた同校野球部の森林貴彦監督は「いまだに

そんなことが話題になるのかと残念に思う一方、これを入り口に（変化への）議論が進めば、それでいい、と思った。問題は髪形そのものより（無思慮に前例に従う）思考停止、旧態依然、上意下達の部分。高校野球はこういうものだという枠を誰かがつくり、枠の中でずっとやってきた。今年の優勝で、一石を投じることはできたかと思う」と説明した。

森林監督は、選手たちに自分を監督ではなく、森林さんと呼ばせる。同じ野球に携わる人間として対等だから、という考え方だ。グラウンドで指導する時も、選手に届く声を出そうとすると大声で罵声のようになるので、小さなメガフォンを使っている。練習の仕方も、自分たちはこう思う、という提案に耳を傾け、変更することもある。

選手は監督の指示に絶対服従するのではなく、その時々で、選手自身が最善のプレーを考える。これは、従来の高校野球の常識を覆す大きなチャレンジであり、森林監督の唱えるエンジョイ・ベースボールの一環だ。

2023年夏の甲子園で優勝し喜ぶ慶応ナイン

暗い話題が多い世相の中で、自由を標榜する慶応高校野球部の日本一達成は、多くの人たちの心に希望の明かりを灯した。野球を楽しもう、という同校野球部の掲げたスローガンは、戦後、軍隊式のマッチョなスタイルが横行してきたスポーツ界の新たな方向を指し示しているのかもしれない。

第6章

二重の歴史的転換点に立つ意味

「昭和100年で戦後80年」という巡り合わせ

どうして、最近、昭和の〝闇〟が相次いで破裂するのだろうか。

日本の現在地を俯瞰してみると、2025年は、「昭和100年」に当たる。さらに、この年は、「戦後80年」でもある。

ちょうど、この2つの指標が重なる年を前にして、日本の政治・行政、経済・産業、社会、文化・芸能など各方面で、闇の中に埋もれていた様々な矛盾が露呈しているのは、なぜか。単なる偶然とは言えない、歴史の巡り合わせがあるような気がしてならない。

時計の針を35年ほど巻き戻してみよう。1989年1月、昭和天皇の逝去に伴い、元号は昭和から平成に変わった。当時は、バブル経済の真っ最中だったが、日本社会には、「いつまでも、こんな状態が続くわけがない」という不穏な空気も生まれていた。

新たな元号のもと、政治や経済、社会が清新なものに変わる、との期待もあった。しかし、そうはならなかった。

それからの日本は、経済的には、それまでのトヨタ自動車、ホンダ、ソニー、松下電器産業（現パナソニック）、日立製作所、新日本製鉄（現日本製鉄）など製造業による加工貿易を中心とした勝利の方程式が崩れ、中国や韓国、台湾などの新興国・地域に市場を奪われていった。米国との貿易摩擦などもあって、製造拠点の欧米やアジアへの移転が続いた。その結果、貿易黒字が減っていき、次第に日本は、お金を稼げない国に向かって転げ落ちていった。

フリードマンの80年・50年周期説に照らし合わせると……

さらに時計を巻き戻し、日本の近現代の歴史を、もう少し長いスパンで眺めてみると、興味深い事実が浮かび上がる。

明治元年は1868年だから、2024年は「明治157年」、25年は「明治158年」に当たる。太平洋戦争の敗戦の年1945年は、「明治78年」である。同様に、2024年は戦後79年、25年は戦後80年だ。

こうしてみてくると、明治維新から敗戦までが約80年であり、敗戦から今日までも約80年とほぼ同じ長さだ。すなわち、明治維新→大発展→大挫折までの期間と、焼け跡からの復活

図表6-1　2025年は区切りの年

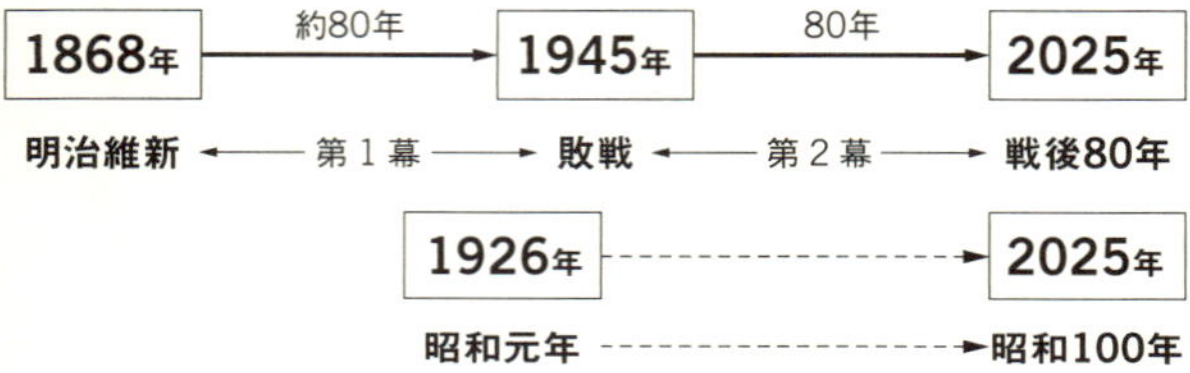

（出所）筆者オリジナル

↓高度成長↓停滞の今が、合わせ鏡のようになっているのだ。

さらに、明治維新から敗戦までの期間の半分である約40年後、１９０４年（明治37年）から05年（同38年）にかけてロシアと戦ったのが日露戦争だ。極東の小国がロシア帝国に事実上勝利した。今風に言えば「ジャイアント・キリング」のこの戦争で勢いづいた日本は軍拡を進め、アジア太平洋侵略、泥沼の戦線拡大、大敗北へと後半の40年を転げ落ちていく。

また、太平洋戦争敗戦の40年後は１９８５年（昭和60年）だ。今から振り返れば、当時は戦後の高度成長がピークに近づき、バブル経済真っ盛りだった。その４年後、89年（平成元年）12月29日に日経平均株価は史上最高値の３万８９１５円をつけた。

実際には、同年１月に昭和から平成へ替わるのに合わせたかのように、日本経済は既に息切れし始めており、日経平均はその後、一気に下落。そこから、長い長い低迷の時期が続いた。バブル時の最高値をようやく超えたのは、35年後の2024年である。

これと同様の歴史の見方が、米国にもある。未来学者、政治学者で『100年予測』（早川書房刊）の著者ジョージ・フリードマンは、米国の歴史について、80年周期の制度的サイクルと50年周期の社会経済的サイクルの組み合わせで進んでいる、という説を唱えている。

2020年の著書『2020−2030　アメリカ大分断　危機の地政学』（濱野大道訳、早川書房刊）で、フリーマンはこう記す（要旨）。

《アメリカ合衆国は戦闘のなかから生まれ、その制度は戦争によって築き上げられてきた。アメリカはおよそ八〇年ごとに、政治制度の仕組みを変える。憲法の大きな枠組みは保たれるものの、連邦と州の制度の相互関係は変わり、それぞれの機能自体も変わる。これまで、そのような変化が三度起きた》

《独立戦争とその余波のなかから誕生した第一の（制度的）サイクルは、憲法が制定された一七八七年から一八六五年の南北戦争の終結と憲法修正まで続き、連邦政府が作られたが、政府と州との関係は不安定なままだった。第二の制度的サイクルは、州にたいする連邦政府の権限を確立したのち、一九四五年の第二次世界大戦終結まで続いた。同年に始まった第三の制度的サイクルは、州のみならず経済・社会全体にたいする連邦政府の権限を劇的に拡大していった。このパターンが同じように続けば、次の（第四の）制度的サイクルは二〇二五年ごろから始まる》

もう一つの50年周期については、こう述べている（同）。

《アメリカの社会と経済には一定のリズムがあり、およそ五〇年ごとに大きな不安と痛みをともなう危機を経験する。その時期のアメリカは、破綻しつつある経済とともに社会までもが崩壊するかのような雰囲気に包まれる。政治エリートたちは、以前と同じ方法で解決できない問題などないと主張する。……しかし根本にある経済的問題を解決できるのは、過激で新しいアプローチだけだ。時間とともに問題は解決され、新しい常識が生まれる。そして次の経済・社会的な危機と次のサイクルの出番が来るまで、アメリカの繁栄は続く》

《最後に社会経済的サイクルが移り変わってから、ほぼ四〇年が経過した。一九八一年、ジミー・カーターに代わって大統領に就任したロナルド・レーガンは、ハーバート・フーバーのあとにルーズベルトが大統領になってから五〇年にわたってアメリカを支配してきた経済政策、政治エリート、常識を入れ替えた。建国時から続いてきたサイクルのパターンが繰り返されるとすれば、アメリカは二〇三〇年ごろに次の社会経済的な変化を迎えることになる。しかし移行のずっとまえから古い時代が廃れていく兆候は現われはじめる》
制度的サイクルと社会経済的サイクルの移行は2020年代半ばから2030年ごろと接近し、事実上重なり合うというのだ。
米国と平仄《ひょうそく》を合わせるように、日本でも明治維新から太平洋戦争の敗戦までの約80年の大きな第1幕とほぼ同じ長さの戦後の第2幕が終わったところだ。第3幕は、「昭和100年」とともに開けようとしているとみることができる。しかし、その新しい幕は、過去の2つの幕のように、華々しい復活→大発展につながるだろうか。今のところ、停滞の沈黙を破るファンファーレは一向に聞こえてこない。

「護送船団方式」も「行政指導」も健在

この間、政治は十年一日、いや、三十年一日と評すべきか、内向きの政争を繰り返してきた。外に向かっては、G7の一角を占めるという立場から、歴代首相は毎年、サミットで各国首脳と記念写真に収まってきた。途上国には、無償援助や政府開発援助（ＯＤＡ）を振りまいたが、それは、言ってみれば、昭和の後半、戦後に営々と蓄積してきた国富があったからこそできた海外支援だ。

アジアやアフリカ、中南米、中東などの国々とは友好を深めたが、その底には、ジャパン・マネーがあったという冷厳な事実を忘れてはならないだろう。

日本という国は、昭和の終わりを分水嶺に、それまでとは全く違う方向に向かって転がり始めた。バブル経済は崩壊し、厳しい不況が始まって、政治や社会も一気に停滞した。中国の急速な台頭もあり、年々、アジアや世界における地位は低下していった。

１９９０年代には、日本はアジアのトップであり、次に韓国、台湾、香港、シンガポールの新興工業経済地域（ＮＩＥＳ）、その次に東南アジア諸国連合（ＡＳＥＡＮ）が続く雁の群れが逆Ｖ字型で飛んでいく「雁行型発展」とマスコミは表現していた。筆者もその一人だ。今時の言い方をすれば、かなり〝上から目線〟の書きぶりだった。

大方の日本人は、いつの間にか、ＮＩＥＳには1人当たりＧＤＰなどでは追い越され、もうリーダーの座が危ういという事実に気づかなかった。いや、薄々気づいていても、崩れかけたアジアNo.1の座にしがみ付き、気づかぬふりをしてきたのかもしれない。

昭和は1989年に終わったが、続く平成の30年の間も、2019年に令和になっても、日本社会にはびこる昭和の負の遺産は、多くが生き延びた。いよいよ、「昭和100年」で「戦後80年」となる2025年を目前にしても、昭和以来、ないしは戦後の高度成長の「後遺症」とも言える旧式の制度や組織、慣習はあちこちに生き残っている。

戦前の大企業から始まったとされる終身雇用制度や戦時体制下で推進された農協、産業界で業界ごとに政府の指導のもとに進められた護送船団方式などは、戦後の高度成長期には、世界に誇る成果を上げたが、半世紀足らずで行き詰まった。

それにも拘らず、終身雇用も、護送船団方式も行政指導も厳然として生き残っている。先に取り上げた日本版ライドシェアなどは、その名称からも分かるように、典型的な分かりやすい護送船団方式であり、行政指導の賜物だ。

農協は何のためにある？
農林中金の外債投資失敗への違和感

ＪＡバンクの中央機関、農林中央金庫は２０２４年5月22日、外債運用に偏った資金運用に誤算があり、25年3月期に５０００億円以上の赤字になる見通しだ、と明らかにした。農林中金は、債券運用の収益が悪化していることから、１兆２０００億円もの資本増強を行うという。

日本経済新聞によると、農林中金の運用資産は大半が外債と国内債券で、中でも外債の占める割合が多い。しかし、米金利の上昇を受けて、債券含み損は1年前に比べて４６００億円強多い2兆２０００億円弱に膨らんだ。株などを含めた有価証券全体でも1兆７０００億円以上の含み損だ。

農林中金は、巨大な民間金融機関だが、メガバンクなどとは違い、農業協同組合や漁業協同組合からの出資で成り立っている。農林水産関連の投融資が祖業だが、大きな資産規模に見合う資金需要は乏しい。農協などの会員から集めた資金を運用するため、債券投資に力を入れてきたが、世界的なインフレによる急激な金利上昇の中で、債券中心の運用構成が裏目に出た。メガバンクに比べて株式投資の割合が少なく、債券での大損を株式の値上がりではカバーできなかった。

このニュースを知って、違和感を覚えた人も多かったのではないか。農協が外債投資？　農家や漁業者のための金融機関が、なぜ、そんなリスクを冒すのか？

農林中金は過去30年間で3度目の最終赤字になる。最初は、１９９５年、住宅金融専門会社（住専）問題が勃発した時に生じた。住専は、有価証券での運用難に苦しむ農林系金融機関から大量に流入した資金で不動産融資を急拡大し、不良債券処理に６８５０億円もの公的資金を注入。厳しい世論の批判が巻き起こった。２度目は、２００８年の米リーマン・ショック時に、低所得者向け住宅ローンであるサブプライムローンで１０００億円規模の損失を被り、09年3月期に５７２１億円の最終赤字に転落した。

赤字は、結局、末端の農協や漁協が負担しなければならない。今回、赤字を発表した記者会見で、奥和登理事長は、「会員からすると期待を下回る、あるいは裏切る話だ。厳しい意見も多くいただいている。理解を深めていただけるように努力している最中だ」と述べた。

だが、こんなに巨額の運用失敗を簡単に理解してもらえるだろうか。

もともと、大正時代に農家の協同組合として出発した農協は、メガバンクのような融資先や営業体制が整わない中、利益を上げることを求められ、農林中金が中心の金融業で稼ぐしかなかった。高度成長の時代は良かった。だが、バブル崩壊後、日本経済が変調をきたしたにも拘らず、農業関連での稼ぎが少ない分、金融に大きな負荷がかかった。歪んだ経営構造を長年、放置してきたツケが回ってきたと言えそうだ。

２０２４年6月19日付日本経済新聞によると、農林中金は、結局、24年度中に、保有する米国債や欧州国債を10兆円以上売却する。利回りの低い外国債券の損失を確定し、債券運用のリスクを避ける。損失処理に伴い、５０００億円超と見込んでいた25年3月期の最終赤字額は1兆５０００億円規模に拡大するとみられる。

メード・イン・ジャパンが受けたのは安くて品質がまずまず良いから

メード・イン・ジャパンといえば、高品質の代名詞と言われてきた。では、最高品質かと問われれば、胸を張ってそう言い切れる商品は、どれだけあるだろうか。

戦後、日本からは、時代を変えるような技術革新やどこにもない新製品開発は、ほとんど出てこなかった。

日本企業が得意なのは、トヨタ自動車の「カイゼン」に代表される微細な技術やノウハウ、商品そのものの改善である。電気製品などの日本製品が戦後、世界中で売れたのは、米欧の企業の製品より少し優れたモノをそこそこの価格で販売したからだ。

輸出の比重が大きい製造業にとって、円高は国際競争力の悪化に通じるから、憎むべき敵であり、政府も円安志向だった。さらに、企業は労使協調路線で賃金の安定化を図り、労働コストの上昇を抑制し、商品の価格を低めに抑えた。それが、日本の強さの基本だった。

だが、１９９０年代以降の円高と米国との貿易摩擦などで生産拠点の海外移転が進み、輸出の比率が落ちていった。一方、地力をつけてきたＮＩＥＳやＡＳＥＡＮ諸国、中国が台頭し、「安くて高品質」という日本製品の神通力が薄れると、日本企業の競争力はじりじりと低下した。

安くてそこそこの品質といえば、今、日本の観光地に外国人旅行客があふれるのも同じ理由である。

彼らは、円安もあって、旅費も含めて値段が安く、まずまず品質の良いモノが買え、サービスも受けられるから、遠い日本までやってくる。テレビカメラを向けられれば、「ニッポン最高！」などと褒めてはくれるが、別に「おもてなし」や富士山や新幹線にばかり憧れて来るわけではないのだ。

ルイ・ヴィトンもグッチもポルシェも生まれない国

東京の銀座、大阪の御堂筋、名古屋の栄――日本を代表する繁華街の目抜き通りには、ルイ・ヴィトンやシャネル、グッチ、エルメスなど、主にヨーロッパのファッションブランドの有名店が豪華な路面店をずらりと出店している。それは、ニューヨークやシンガポール、シドニーとあまり変わらない。

では、パリのシャンゼリゼやロンドンのボンドストリートに、日本発のファッションブランドの店が立ち並んでいるだろうか。答えはノーだ。いや、東京や大阪や名古屋でさえ、ほとんどない、というのが実情だ。せいぜい、百貨店の高級ブランドフロアにテナントが出ている程度である。

欧州ブランドの洋服でもバッグでも、その原価を考えれば、考えられないような高価な値札が付いている。だが、世界中のお金に余裕のある人たちは、日本円にすれば何十万円、何百万円であっても喜んで買う。理由は、それらの憧れのブランドを身に着けることで得られる満足感、もっと言えば、優越感だろう。日本の場合、世界の一般大衆に広がる憧れのブランドにまでは育っていない。

自動車でも、ポルシェやフェラーリ、ランボルギーニに匹敵するような超高級車のブランドは、日本からは出てこない。昭和の初頭に本格化した国産車の開発・製造も、基本は米フォードやGMの車を代替できる実用的な乗用車だった。もちろん、当時の日本では、自動車自体が高級品だったが、ブティックのような欧州の超高級車とは全く違う路線だった。

日本車メーカーは、戦後、その大衆路線を徹底し、燃費が良く、耐久性が高い日本車を磨き上げて、世界的に人気を呼び、販売台数で米国を超える存在にまでなった。

昭和末期くらいまでは、家電メーカーも同じ路線で、世界を席巻した。ソニー、パナソニック、東芝、シャープ、三洋電機……。1990年代の米国でもアジアでも、これらの日本製テレビやビデオ、などが飛ぶように売れていた。理由は、やはり、品質が高く、その割に値段が安かったからだ。

しかし、そのうち、日本製に遜色《そんしょく》のない品質で、価格がより安い韓国のサムスンやＬＧ製品に追い上げられ、追い抜かれていった。次第に、中国メーカーも力を付け、日本製の家電製品の出る幕はほとんどなくなった。

日本の製造業を取り巻く環境が大きく変わっているのに、昭和後半、戦後の高度成長期の成功体験が忘れられず、方向転換を怠っているうちに、手遅れになったのだ。

ここ20〜30年で、世界に羽ばたき、ニューヨークやロンドン、香港などの目抜き通りに出店して、ニッポン・ブランドとして成功している例としては、まず、衣料品のユニクロが挙げられる。デザインや機能性に優れたカジュアル衣料が世界の若者に受け入れられ、総店舗数約２５００店のうち約１７００店が海外の店舗だ。

国際的にＭＵＪＩの名称で知られる無印良品は、１９８０年、スーパー西友のプライベートブランドとして誕生した。無駄な装飾や加工を省いた環境重視の日用品などが消費者に受け入れられ、今では世界に１２００店以上の店舗を構える。

１００円ショップのダイソーも、アジアや米国、ブラジル、中東など世界各国のショッピングセンターなどに約１０００店舗を展開している。最近では、大谷翔平選手の所属するロサンゼルス・ドジャースの本拠地球場などに広告を出して話題になった。家具のニトリも中国本土や台湾、東南アジア各国に続々と出店している。

これらの店には、国内の店と同様、欧州ブランドのような高級品はない。売り物は、良好な品質とそこそこおしゃれな商品、それにしては安い値札だ。

おっと、忘れてはいけない。牛丼の吉野家やラーメンの一風堂、うどんの丸亀製麺などのファストフードのレストランも、過去20年ほどでアジアや米国などに進出している。だが、もちろん、こうした店は、ミシュランガイドに星付きで載るレストランではない。あくまでも、安くて結構美味しい日本食が食べられる大衆店として受け入れられているのだ。

かつて、世界各地で流行の最先端を行っていたソニーのウォークマンやパナソニックのテレビも、アジア勢が似たような商品をより安く供給するようになると、市場の中心から片隅へと追いやられた。高度成長期の日本企業が作っていた人気商品は、世界の消費者にとっては、その程度のものだったのだ。

代わって、世界の若者の心を捉えたのは、アップルのパソコン、マッキントッシュであり、創業者のスティーブ・ジョブズが「電話を再発明する」と宣言したｉＰｈｏｎｅだった。価格は安くないが、多機能でスマートなデザインのｉＰｈｏｎｅが日本に登場してから16年。国産の携帯電話は、市場ではすっかり少数派になってしまった。

まだ、アジアのリーダー？　日本の実像を正視する時

Ｇ７サミットへの日本の参加資格は、合格点ギリギリまで落ちている。日本は１９７５年に発足した主要国首脳会議（Ｇ７サミット）の当初からの参加国で、アジア唯一のメンバーだが、２０２０年、この日本の立場を揺るがしかねない出来事があった。

この年の議長国である米国のドナルド・トランプ大統領（当時）が、インドやロシア、オーストラリアとともに、韓国を新メンバーに加えるG11構想を打ち出したのだ。

この構想は、日本など既存メンバーの反対で消えたが、韓国の存在感を印象付けるエピソードだった。アジアにおける日本の地位の低下が表面化した、とも言える。

その30年前の1990年だったら、話題にもならなかっただろう。当時、日本は、名目国内総生産（GDP、ドル換算）では、世界ランキングで米国に次ぐ2位。韓国は、日本のはるか下位だった。だが、その後、日本はだいぶ前に中国に抜かれた。しばらくの間、3位だったが、2023年にはドイツにも抜かれて4位。5位のインドとの差もわずかで、5位転落も時間の問題だ。韓国は、順調に順位を上げ、14位だ。じわじわと、アジア、特に東アジアでの存在感を増している。サミットメンバーの背中が見えてきた、といったところだ。

国民1人当たり名目GDPでも、32位の日本のすぐ下の33位だ。韓国にしてみれば、日本を抜くのは、もう既定路線だろう。シンガポール（5位）や香港（22位）には、とっくに抜き去られている。

では、日本はなぜ、まだ大国扱いされるのか。みずほ銀行チーフマーケット・エコノミストの唐鎌大輔氏は、「ボリュームがあるからではないか」とみる。人口1億2000万人余りは世界12位。GDPも4位だし、家計の金融資産は2199兆円、株式時価総額の規模も米中に次ぐ世界3位だ。世界的にみた日本のこのボリュームはまだ大きい。腐っても鯛なのだ。

日本は今でも、世界最大の債権国である。だが、このままでは、遠からず、ため込んだドル資産など、海外債権を少しずつ取り崩して切り売りせざるを得ない国に転落する恐れが強いとみられている。そうなれば、ますます、貧乏な国になる。

高度成長時代の遺産を食いつぶす国へ

英経済学者のジェフリー・クローサーらが唱えた国際収支発展段階説は、国家の盛衰を表すとされる。この説に当てはめると、日本は、明治維新から明治10年代ごろまで、殖産興業を進めたが、とにかく欧米などからモノを輸入せざるを得なかったため、貿易赤字。それを海外からの借金で賄う「未成熟な債務国」だった。

そこからスタートし、繊維産業の発展で貿易黒字となり、「成熟した債務国」に移行。その後、第一次世界大戦で輸出が急増し、貿易黒字と経常黒字で「債務返済国」に。太平洋戦争の敗戦以降は、戦後の復興や朝鮮戦争の特需を経て重工業化が進み、再び、「成熟した債務国」になった。

東京五輪直後の昭和40年（1965年）ごろから経常収支が黒字になり、「債務返済国」になった。大阪万博の同45年（1970年）には、債権国に転じ、自動車や電機などを中心に輸出ブームになり、世界最大の債権国に。「未成熟な債権国」の段階に入った。

平成20年代に入ると、資源高などで貿易赤字が定着するようになり、海外からの配当などで経常黒字を保つ「成熟した債権国」に変わった。今後、産業構造の転換が進まず、貿易赤字が膨らんで、経常赤字が続けば、最終的には「債権取り崩し国」になってしまう。

日本を引っ張ってきた産業で、まだ、世界のトップグループに入っているのは、自動車くらいだ。その自動車産業も、電気自動車（EV）対応で出遅れ、最近の認証不正問題で揺れている。5年後、10年後に日本を牽引《けんいん》する、自動車をしのぐような産業、企業はまだ見えてこない。

未来の企業利益のタネである研究開発費はどうだろう。

2024年5月19日付の日本経済新聞によると、マイクロソフトやアップル、アマゾン・ドット・コムなど、米巨大テック企業の代名詞である7社、通称「マグニフィセント・セブン（MAG7、壮大な7社）」が投じた研究開発（R&D）費が世界の上場企業全体に占める比率は、2010年に2％だったが、直近では19％にまで上昇した。

米S&P500種株価指数を構成する米トップ500社でみると、R&D費では、MAG

図表6-2　主要国における研究開発費総額の推移

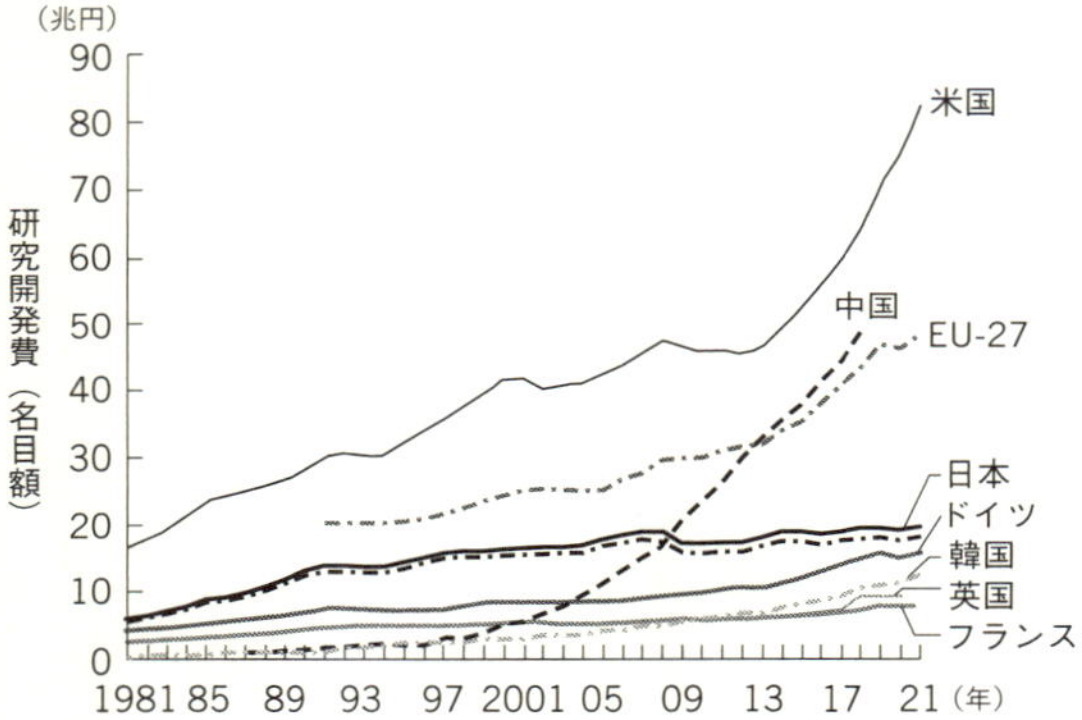

（注）名目額（OECD購買力平価換算）
（出所）科学技術・学術政策研究所「科学技術指標2023」

7とそれ以外の493社でほぼ均衡する。

インターネット、スマートフォン普及に伴う事業モデルの変革、そして人工知能（AI）と、技術革新に合わせて絶えず成長するためには、持続的な投資が欠かせない。

米テック大手は、この1、2年、特にAI分野で熾烈《しれつ》な競争を繰り広げている。日本企業と比べると、1桁どころか2桁も3桁も多いR&D費やM&A（合併・買収）費用を投じて、血みどろの覇権争いを続ける。この競争に勝つか負けるかでは、天と地ほどの差がつくからだ。

勝負がどんな方向に向かうとしても、今

図表6-3　総論文数で中国の存在感が増す

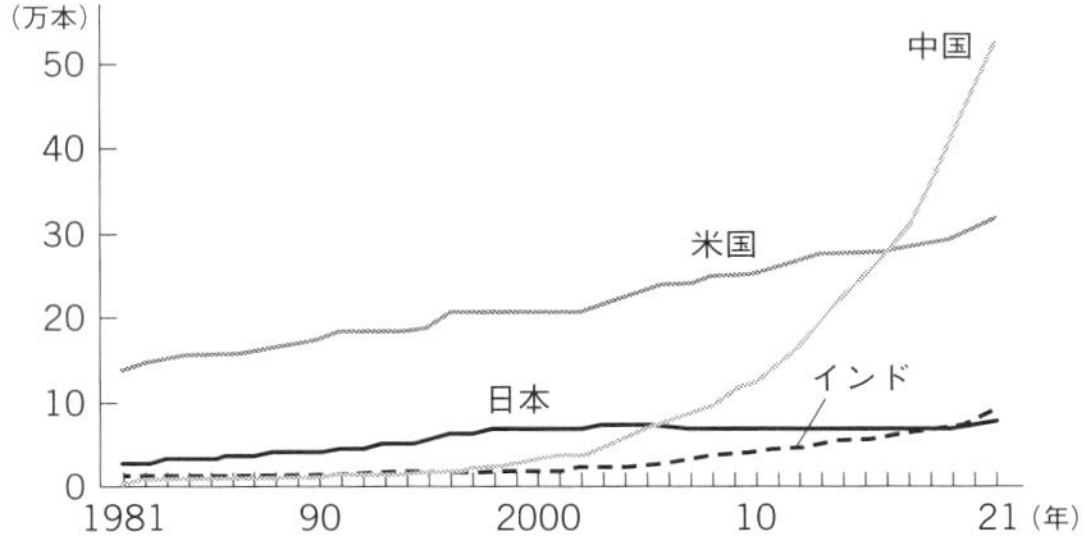

（注）英クラリベイトのデータから文科省科学技術・学術政策研究所が集計
（出所）日経電子版2023年8月8日「中国、科学論文で3冠維持　日本は質でイランに抜かれる」

から、日本企業がこのＡＩ大競争に割って入るのは無理だろう。

結局、昭和が終わる頃、バブル経済が弾けた後も、製造業を中心とした日本の産業構造は変わらず、政官業がそろってハード重視からソフト重視への方向転換を怠った。その間に、米国ではマイクロソフトやアマゾン、フェイスブック（現メタ）などのソフト企業が巨大化してきた。ｉＰｈｏｎｅがドル箱のアップルも、最近ではサービス部門で稼いでいる。

学術の世界でも、注目論文を書く学者が減っている。２０３０年以降は、ノーベル賞受賞者がグンと少なくなるという予想も出ている。それに比べて、中国は長年トップだった米国を抜き去り、

2位以下の各国との差を広げている。中国人科学者が毎年、ノーベル物理学賞や化学賞、生理学・医学賞を取る時代も遠くないかもしれない。

失われた30年などと、どこか他人事の言い方で、日本の実像から目をそらしているうちに、世界と日本を隔てる小さな川は、いつの間にか、とても渡れない大河になりつつある。

墜落か上昇か大きな岐路に立つ日本

太平洋戦争の敗戦で、明治以来の富国強兵路線を全否定された日本は、米国の安全保障の傘のもと、焼け跡から経済発展に集中することで、高度成長を成し遂げ、アジアの先陣を切って先進国入りした。だが、35年前に昭和が終わった頃から経済の勢いが鈍り、低迷を続けてきた。それにも拘わらず、昭和、戦後の成功体験から抜け出せず、必要な改革を怠ってきた結果が現状である。

今の日本の実像は、まあまあリッチな上の下か中の上の国。安全で楽しく安いから遊びに行くにはいいが、世界を動かす力量は認められない。それでも、世界的には豊かなほうの国だが、社会には、停滞感が漂っている。そういう現状認識を出発点とし、昭和の負の遺産を処分しなければ、何も始められない。

米ニューヨーク・タイムズ（NYT）に2024年2月に掲載された記事「悪いニュースが良いニュースである日本へようこそ」で、同紙は、こうした日本の現場を観察して、「なぜか、日本国民は落ち着いているようだ」と驚いてみせた。

曰く、数十年間、ほとんど成長をみなかった景気が、今や後退段階になり、人口は減り続ける。2023年の出生数は過去最低だった。政治が硬直しているように思われるのは、事実上権力を握っているのが一つの政党であり、どれほどスキャンダルにまみれようと、不支持率が高まろうと、その状況に変わりがないからだ。

「しょうがない」と呟くだけでいいのか

NYTはこう続ける。だが、心配はいらない。ここは日本であり、全ての悪いニュースは相対的なものだ、と。

普通の国なら、少子化が進み、成長どころか後退し始めた経済、頼りにならない政府……となれば、ゴミの散乱や路面の穴、デモの列などを想像するだろうが、まず見当たらない。

この国は驚くほど安定しており、一体感が強く、差し迫った危機のような雰囲気はない——。

その理由について、NYTは、こう分析した。

この平穏さは、「しょうがない」という気質を反映している。これは、ある種の国民的なフレーズだ——。

NYTは、不況の中でのインフレなど停滞する日本で、日本人が動揺もせず、淡々と日々を過ごす様子を、やや奇異の目で見ている。日本人は、かなり困った時にも「しょうがない」とやり過ごす、と首を振りながら指摘している。

表面上は平穏で何も変わらず安定したようにみえる日本は、国連の調査では幸福度が低く、自殺は大きい問題だ。ジェンダー不平等や一人親家庭の貧困率の高さ、急速に進む地方の過疎化、高齢化など根深い問題が多い。

それでも、NYTの記者が東京郊外で出会った男性（26）は「生活にかなり満足していま す。日本人は、生活が充実していれば満足なんです」と答えた。記事によれば、日本社会の問題や不便さは、第二次世界大戦後、国が富に向けて飛躍した後、ほとんど目立たない、という。

日本人の気質の一面を突いた記事だが、どんどん状況が悪化しても、「しょうがない」と呟《つぶや》くばかりでいいのか、という疑問が湧いてくる。最近の政治情勢をみていると、少しずつ、変化が訪れているのかもしれないが……。

昭和１００年を迎え、日本はこのまま、何も変えず、明治以来の第1幕が78年目の敗戦で大挫折に終わったように、墜落していくのだろうか。あるいは、敗戦後の第2幕の80年目を迎える今、さっさと昭和の呪縛から抜け出し、上昇気流に乗れるのか。この国は、大きな岐路に立っている。

第7章

職人魂＋ＡＩが道を拓く

経済団体のパーティーは
ダークスーツのおじさんばかり

締めくくりは、女性と社会についての話から始めよう。

東京や大阪で経済団体のパーティーを覗くと、日本企業がまだまだ異様なほどの男社会だと、改めて気づかされる。出席者は、ダークスーツに身を包んだ初老から高齢のおじさんやおじいさんばかり。女性の姿は、ちらほら見かける程度だ。

昭和時代も平成になっても、女性の社会進出の必要性が叫ばれてきた。だが、多くの会社で、同じくらいの成績の社員を管理職に登用する際、候補が男性と女性だったら、だいたい男性が選ばれる。理由は、女性の場合、結婚で退社したり産休や育休で長期に休んだりする可能性がある、転勤もさせにくい……などとされてきた。

これも、男性は外へ出て働き、女性は家で家庭を守るという昭和の発想が根強いからだ。戦後も経済成長至上主義の中で、むしろ、このイデオロギーは強化された。

会社に女性社員はいても、1964年（昭和39年）の東京オリンピック前までは、普通に

ＢＧ（ビジネス・ガール）と呼ばれ、お茶汲みやコピー取りなど、あくまで男性社員のサポート役だった。その後、ＯＬ（オフィス・レディー）と新しい呼び名が出てきたが、企業社会に定着したのは、10年ほど経ってからだった。実質的にも、職場に花を添え、ゆくゆくは男性社員の花嫁候補、という時代が長く続いた。

女性活躍推進の「壁」はまだ高い

この状況は、男女雇用機会均等法が１９８５年（昭和60年）に制定され、86年（同61年）に施行された後も、大きくは変わらなかった。この法律の条文の大半が努力義務で、企業現場の実態をみると、男性社員と対等のはずの女性総合職が男性の補助役扱いされるケースも多かった。

女性の登用が増えてきたのは、１９９７年（平成９年）に均等法の改正が行われてからだ。それまで努力義務だった採用や配置、昇進などでの女性差別を禁止し、違反した企業を公表するという制裁措置も設けられるなどして、少しずつとはいえ、女性総合職の本格的な登用が進んだ。

女性の本格的な登用は、近年の人手不足や女性の資質の〝再発見〟が進んだからだ。最近では、男性社員と同等かそれ以上の戦力として積極的に女性を採用する企業が増えている。それでも、役員への登用、ましてや社長に選ばれる女性はごく少なかった。

その中で、2024年4月、日本航空取締役の鳥取三津子氏が社長に就任した。初の女性社長誕生で、大きな話題になった。日航のような伝統ある大企業で女性が社長になる例がほとんどなかったことが画期的だった。また、鳥取氏が客室乗務員（CA）出身という点でも注目を浴びた。

女性の登用、抜擢という意味では、大きな一歩かもしれないが、女性の社長や最高経営責任者（CEO）就任は、米国など先進国では、ほとんど話題にもならないほど、当たり前のことだ。

日本でも、取締役クラスでは、少しずつだが女性が増えている。これは、社外取締役をはじめ女性の入る役員会を違和感なく受け入れる男性経営者が増えてきたことを意味する。

夫婦同姓でなければならないと定める国は世界中で日本だけ

だが、働く女性にとって、昭和時代からある高い「壁」は、まだまだ残っている。例えば、結婚後に姓をどうするか、という問題だ。

「日本の働く女性は、結婚したらキャリアを諦めなくてはならない。世界で唯一、夫婦同姓を義務付けているので、結婚すると、たいてい夫の姓に変えるので、手続きが大変。それまで築いてきたキャリアも、姓が違うため受け入れられず、台無しになるケースもある」――英紙ガーディアンが2024年2月、こんな趣旨の記事を掲載した。

日本には、結婚する際に、夫婦はどちらかが改姓し、同じ姓を名乗らなければならない、という民法750条の規定が存在する。これは、昭和どころか、明治31年（1898年）から120年以上も変わっていない。

結婚後、夫婦どちらかの姓に合わせるか、それぞれが別の姓を名乗り続けるかが選べる「選択的夫婦別姓」は認められていない。

この民法の規定のために、夫の姓に変えることが圧倒的に多い女性は、いろいろな障害と遭遇する。例えば、キャリアを積み重ねる中で、海外出張した時に、通称である旧姓で予約したホテルで、パスポートの氏名との違いでトラブルになったり、会議などの登録名義の違いで無駄なエネルギーを費やさなければならなかったりする。通称では銀行口座やクレジットカードが作れない、という切実な声もある。ビジネス上の契約などでも本名と通称の違いが問題になることがある。

夫婦は同じ姓でなければならないと定めている国は、世界中で日本だけである。最高裁は、これまで、２０１５年（平成27年）と21年（令和３年）に、選択的夫婦別姓を認めない現行制度を合憲とする判断を示す一方、「国会で論ぜられ、判断されるべき事柄」と指摘した。

その国会は何をしてきたのか。選択的夫婦別姓については、１９９６年（平成８年）に、法相の諮問機関である法制審議会が導入を答申した。民法改正案が準備されたが、自民党内で「家族の一体感が失われる」といった慎重論があり、国会への提出は見送られたままだ。

選択的夫婦別姓制度は、導入されても、同姓を希望する人にはそれも認められる。選択肢が増えるということで、世論も賛成派が反対派を大きく上回っている。だが、コア保守層のこの問題への忌避感は根強い。

2024年になって、この問題について経済界から声が上がった。日本経済新聞によると、3月8日、選択的夫婦別姓の早期実現を求める企業経営者ら有志の会が、法務省に千筆超の署名を添えた要望書を出し、別姓を法制化すべきだと求めた。経団連は、6月10日、選択的夫婦別姓の早期実現を求める提言を発表し、婚姻時に夫婦いずれかの姓を選ばなければならない今の制度は「女性活躍を阻害する」と訴えた。

経団連の十倉雅和会長は同日の記者会見で、「当事者個人の問題として片づけられず、企業にとっても、ビジネス上のリスクになり得る」と、政府に対し一刻も早い改正法案の提出を求めた。

ガーディアンの記事の核心は、日本が欧米だけではなく世界標準からみて、理解不能な法律を生かしている、という点だ。これは変だよ！　という指摘である。国内に閉じこもっていることの多い政治家や役人と違って、日々外国人とビジネスで接する国際企業のトップは、この視線に気づいている。

だが、政府、自民党の反応は鈍く、法改正の見込みは全く立っていない。

岸田政権は、社会全般での女性活躍を推進している。しかし、働く女性の足を引っ張るハンディキャップを解消しようとする選択的夫婦別姓について、まともに向き合わないようでは、女性活躍の推進も覚束《おぼつか》ないのではないか。

「日本は独自のAI構築を」という提案、どう受け止めるか

日本経済復活の試金石となるのは、AI（人工知能）革命だろう。

18世紀末以降、水力や蒸気機関で工場を機械化した第1次産業革命が起きた。次に、20世紀初頭、電力の活用やオートメーションで大量生産できるようになった第2次産業革命、1970年代初めからの電子工学や情報技術を用いた第3次産業革命が起き、それに次ぐのが、最近、言われる第4次産業革命、あるいは新産業革命だ。

その主役となるAIの急進展により、世界のあらゆる情報がデータ化され、それをコンピューターが自ら学習し、問題を解決したり、判断を下したりする時代がやってきた。AIによる生産性の飛躍的な向上が期待される点が、新たな産業革命と呼ばれる所以《ゆえん》だ。

そのＡＩ革命を研究開発や企業活動の生産性向上に活用するため、米国などでは、マイクロソフトやアップル、グーグルなど、巨大テック企業による生成ＡＩでの主導権争いが熾烈《しれつ》を極める。だが、その戦いの中に、日本企業の姿は、ほとんど見られない。

マイクロソフトやアマゾン、オラクルなどの米テック大手が相次いで発表している、日本国内での大型データセンター建設の主な目的の一つは、日本語の情報を大量に集積することだとみられている。生成ＡＩの世界では、利用者が日本語で質問すると、日本語情報が不足した場合、いったん英語に翻訳されて、英語情報を収集し、まとまると、今度は日本語に翻訳し直して、回答する、という煩雑な過程を経ているという。それでも、質問を打ち込んでから回答が始まるまで、ほんのわずかな時間しかかからないのだが……。

それを最初から日本語で大量の情報を学習・集積し、生成・利用の段階でも日本語で行えば、ずっと効率が上がり、正確性も増す。米テック大手は、日本という手つかずの情報大国を発見し、日本企業に先駆けて、日本語情報という金の生る木を根こそぎ手に入れようとしているはずだ。

日本での外国企業の活動に対する大きな壁が日本語だった。それは、日本企業にとって、一種の非関税障壁にもなってきた。それが今、軽々と乗り越えられようとしている。

台湾出身で、米半導体最大手エヌビディアのジェンスン・ファン最高経営責任者（CEO）は、2024年3月の開発者会議の記者会見で「日本は自らAIを構築すべきだ」と述べた。ファンCEOは日本語の学習データは特殊だと指摘し、「日本語データでAIを開発し、日本に再び輸入するのを（外国企業などの）第三者に任せる理由はない」とし、「AIは国家の生産性を高めるベストな方法だ」と指摘した（日本経済新聞電子版2024年3月20日）。

ファン氏にしてみれば、米テック大手が日本語の市場に激しく攻勢をかけ、日本企業がどちらかといえば手を拱いているように感じられるのだろう。対抗策として、国内に本格的なデータセンター建設を打ち出している日本のメジャー企業は、孫正義氏が率いるソフトバンクグループなどまだ少数派だ。

ファン氏の当然とも思える疑問と提案に、真正面から答えられる企業はあるだろうか。

星新一がピタリと予言していた世界

日本のSF界のパイオニアの一人、星新一のショートショートに『肩の上の秘書』（新潮文庫『ボッコちゃん』所収）がある。

物語の世界は、おそらく21世紀と思われる未来。自動ローラースケートで街を走っていたセールスマン氏が、一軒の住宅に飛び込みセールスを行うところから始まる。

《右肩には、美しい翼を持ったインコがとまっている。もっとも、このようなインコは、この時代のすべての人の肩にとまっている……このインコはロボットなのだ。中には精巧な電子機器と、発声器と、スピーカーを備えている。そして、持ち主の呟いたことを、さらに詳しくして相手に伝える働きを持っている》

「こんにちは」と呟けば、肩の上のインコがはっきりした口調でしゃべる。「お忙しいところを、とつぜんおじゃましまして、申し訳ございません。お許しいただきたいと思います」

かつて読んだ時は、遠い未来の夢物語と思ったが、今、読み直してみれば、このロボット・インコは、人工知能（ＡＩ）が発達して、情報収集と言語解析、コミュニケーション機能を一つの個体に詰め込んだ、超コンパクトな電子機器だと分かる。

この作品が書かれたのは、１９６１年、すなわち昭和36年である。やっと、「地球は青かった」で有名な旧ソ連のガガーリンが人類初の宇宙飛行に成功した年。まだ、コンピューターといえば、会議室丸々一室を占めるような巨大さだった時代だ。
星新一の恐るべき慧眼《けいがん》、先見性には、舌を巻くばかりである。
ロボット・インコとは形状が違うが、今では、ほとんどの大人の日本人がスマホを胸ポケットやバッグに入れている。既に、外国語をほぼ即時に翻訳してくれる機能も普及した。生成AIの進化で、星が描いたように、一言しゃべればきれいでもっともらしい日本語に変換して相手に伝えてくれる機能の実現も、もう目の前だろう。

このショートショートに出てくるロボット・インコが国産かどうかは触れられていないが、現代の「肩の上の秘書」であるスマホ市場での国内メーカーは、わずかだ。大半を米国のアップル製iPhoneやグーグル、韓国製のサムスンなど、海外勢が占めている。

アップルは、2024年6月、チャットGPTを開発したオープンAIと提携し、iPhoneなどにAI機能を搭載する、と発表した。この機能により、ビジネス文書や画像が掌の中で簡単に作成できるようになるという。だが、スマホというプラットフォームを海外勢に握られている日本企業は事実上、指をくわえて見守るしかないのが実情だ。

職人国家ニッポンの祖は何でも作ったお百姓さん

桁違いの豊富な資金を持つ米テック大手が本気で取り組んでいる生成ＡＩの覇権争いに、日本企業が割り込む余地はほとんどない。だとしたら、私たちは、ただ傍観していなければならないのだろうか。

確かに、日本企業は、米テック大手のようにＡＩの大変革の真ん真ん中に参画するのは、資金的にも、技術的にも、テック業界での位置付けとしても難しいだろう。しかし、企業活動や学術研究、医療・福祉、防災、防犯、文化、スポーツなど社会全般での生成ＡＩの応用に関しては、まだ勝負がついていない。日本企業にとって、この技を徹底的に磨く方向は十分考えられそうだ。案外、こちらのほうが大きな可能性を秘めているかもしれない。

なぜなら、この国には、そういう歴史と伝統があるからだ。

百姓――というと、現代では、《農業をすることの、古風な言い方》（新明解国語辞典）だけではなく、《第三者が用いるときには軽い侮蔑を含意することがある》（同）が、この際、本来の百姓の意味を掘り下げてみたい。

国民のほとんどが農民だった江戸時代には、農業だけではなく、農耕に必要な土木から建築、木工、鍛冶《かじ》、藁細工など様々な技を習得してものづくりをするのが当たり前だった。酒や味噌醤油などの醸造業も農家から生まれ、技を磨いていった。紙やたばこ、綿、養蚕などの商品作物の生産とその流通もそうだ。

そういうあらゆる仕事をする人たちこそが、農業とともに様々なものを作り出すという意味で百姓と呼ばれた。今日でも新しい商品作物の開発や輸出の振興を図る若手の農業者の中には、自らを「百姓」と名乗る人たちがいる。日本は本来、百姓国家、職人国家なのだ。百姓から出た職人の匠の技は、歴史上、海外から画期的な技術がもたらされた時に、本領を発揮した。例えば、今から480年ほど前といわれる鉄砲伝来だ。

1543年（天文12年）、鹿児島県の種子島に漂着した中国船に乗っていたポルトガル人によって、火縄式鉄砲が初めて日本にもたらされたとされる。この当時では最新のハイテク兵器の威力に着目した種子島の領主、種子島時堯《ときたか》が、入手した鉄砲を地元の刀匠に貸し与えて模作させたという。

わずか1年で、ほぼそっくりの鉄砲が作られ、国産化に成功した。このほか、近江や堺などのルートでも、鉄砲の模作、量産があったとされる。殺傷能力の高い鉄砲は、たちまち全国の戦国武将の間に広まった。鉄砲伝来からわずか30年余り後の1575年（天正3年）の長篠の戦いで、織田信長は大量に使用した鉄砲の威力もあって武田勝頼の軍勢を打ち破り、天下統一への道を拓いた。

鉄砲の正確なコピーと大量生産を実現可能にしたのは、種子島や近江、堺などの刀鍛冶《かじ》や農耕具のための野《の》鍛冶といった無数の職人たちだった。種子島等に来訪したポルトガル人などの西洋人、中国人らからの新知識も取り入れつつ、改良された鉄砲は、どんどん洗練されていった。それも、戦国時代から磨かれてきた職人たちの技があったからだ。

長篠の戦いから300年ほど経った頃、再び、職人が歴史の波間で、本来の実力を発揮した。

幕末から明治期にかけて、幕府や明治新政府は英国やフランス、ドイツ、米国などからお雇い外国人を多数招き、法制度や軍事技術、建築、鉄道、医学、教育から紙幣や証券の印刷などなど、欧米の国の骨格と最新技術を貪欲に学んだ。

生糸の製糸技術も、その例である。明治初頭の製糸工場を描き女工哀史として知られる小説『あゝ野麦峠』（山本茂実『新版あゝ野麦峠　ある製糸工女哀史』朝日新聞社）に、こんな一節がある。

「富岡製糸のフランス人ブリューナは六工社の和製蒸気汽缶をみてびっくりし『危ない！』と頭を抱えて外へ逃げ出したというが、それは汽缶爆発の危険より、こうも簡単にまねされては、太政大臣級の月給（760ドル）をとっている首長の首が危ないという意味だったかも知れない」

群馬県富岡市の官営富岡製糸場にいたお雇い外国人技術者が訪ねたのは、長野県の松代（現長野市）にできたばかりのフランス式繰糸場、六工社だった。村の大工や旧松代藩の鉄砲鍛冶を動員して、本家の鋼鉄製機械を木や銅、真鍮《しんちゅう》などで模し、明治8年（1875年）には和製の製糸機を作ってしまった。

同じ頃、信州諏訪の平野村（現長野県岡谷市）では、さらに優れた日本式の製糸機が作られた。それはフランス式と当時もう一つの主流だったイタリア式の長所を取り入れ、簡易化したものだった。フランス製の機械と比べれば、ごく質素なつくりだったが、本家の十分の一以下の費用でできるこの機械は、当然ながらコスト面で本家を圧倒した。あっという間に全国に広まり、その後の日本の製糸産業の発展を担っていった。

日本が輝いていた高度成長期に、「画期的なアイデアは英国で生まれ、米国で製品化されて、日本で儲かる商品になる」と言われたことがある。世の中を変えるようなイノベーションは日本では生まれにくいが、それを取り入れ、消費者が喜ぶような品質と値段の商品に磨き上げるのは得意、といった意味だ。

ポルシェやルイヴィトンは生み出せないが、大衆車やユニクロ、ニトリなどの大量生産は得意。100円ショップも世界の庶民の御用達。よかれ悪しかれ、それが日本だ。職人国家ニッポンの伝統的な得意技、本領である。ならば、ここは開き直って、AI革命の奔流を漕ぎ渡るため、この職人技を発揮していくのが、日本にとっての王道ではないか。

「AI百姓」で行こう

産業のコメと称される半導体。1980年代には、日本企業は売上高シェアで世界の約5割を占め、上位10社中6社は日本企業だった。今や、シェアは1割を切り、かつて米国と半導体摩擦を起こした頃の面影はない。半導体製造の周辺機器や部品、加工技術では一定の存在感があるが、これがいつまでも続くとは限らない。

急速に進化する半導体と、それをフル活用した生成ＡＩで、さらに広がる日本のデジタル赤字。日本企業や個人は、米テック大手にチャリンチャリンと金を取られるデジタル小作人の立場に置かれている。

それなら、小作人を逆手にとって〝一揆〟を起こしてはどうだろうか。生成ＡＩを武器として携え、新産業革命の時代に強烈な輝きを放つ新時代の働き手を「ＡＩ百姓」と名付けよう。その「ＡＩ百姓」が社会全体に増え、大きく広がれば、職人国家ニッポンが改めて世界的に認められるかもしれない。

大手企業でも積極的にＡＩを社員に実装してもらい、ビジネスに役立てようという動きが出ている。

日立製作所は２０２５年３月期に、生成ＡＩ向けに３０００億円を投資する。人材育成や研究開発、データセンターの整備などに充てる。鉄道や工場設備など日立が手掛ける全事業で、ＡＩを中心にデジタルトランスフォーメーション（ＤＸ）を進め、独シーメンスなど海外大手と渡り合う収益性を目指す（日本経済新聞電子版２０２４年６月11日）。

このニュースで注目すべきは、生成ＡＩ技術を事業に落とし込む役割を担う人材育成を進める点だ。記事によると、日立は２０２８年3月期をメドに、社内研修によって専門人材を全社で5万人超確保する。米グーグルや米マイクロソフト、米エヌビディアなどＩＴ大手との提携を通じ、ＡＩ活用ノウハウを蓄積する。

生成ＡＩそのものの技術開発に真正面から取り組むというわけではない。生成ＡＩの最新の知見を米テック大手との提携で取り込み、既存の事業の効率化などに応用していく人材を一気に育てようということだ。

これこそ、企業内でＡＩによる社員のスキルの活性化、「ＡＩ百姓」化を進め、他社に先駆けようという明確な動きだ。日立といえば、保守的なイメージが強かったが、新たな次元に大きく踏み出した。

こうした動きは、製造業に限らず、あらゆる業種で起こってくるだろう。

例えば、建設・不動産、運輸・交通、宇宙・海洋開発、農林水産、旅行・宿泊、飲食、アパレル、通信、メディア、スポーツ、エンターテインメントなど、どんな仕事にも業務改善や生産性向上という点で、ＡＩが欠かせなくなるはずだ。

政治や行政は？　まあ、いまだにファクスやフロッピーディスクをなくすかどうか、というレベルの〝業界〟なので、過剰な期待はやめておいたほうが無難だろう。

もちろん、「ＡＩ百姓」は、大企業、大組織に限った話ではない。中小企業でも、数人の組織でも、ワンパーソン・オフィスでも同じだ。今後は、パソコンやスマホに生成ＡＩが装備されるのが当たり前になるから、いわゆるウィズＡＩ（ＡＩとともに）で、仕事でも趣味でも、世界の知見や技術、デザインを幅広く、奥深く使える。それも速ければ秒単位のスピードで。その気になれば、誰でも、「ＡＩ百姓」になれるのだ。

営業でも、総務・経理でも、研究開発でも、ルーティンの業務で生成ＡＩに任せられる部分は任せれば、本来の専門的な仕事に集中し、深めていくことができる。そうすることによって、様々なアイデアが浮かぶだろうし、画期的な新ビジネスも生まれるかもしれない。「自分は理系じゃないし、関係ない」などと敬遠せず、気軽に試したほうがいい。何しろ、いくら質問しても、愚痴一つ言わない有能なロボット秘書なのだから。

生成ＡＩの答えは、まだまだ不正確なことも多いし、時には、知ったかぶりもするが、これは今後、急速に改善していくはずだ。上手に付き合っていけばいい。

エヌビディアは、たった30年余り前、１９９３年に、米カリフォルニア州シリコンバレーのファミリーレストラン、デニーズの片隅の席で、ジェンスン・ファンCEOが２人の仲間と革新的な半導体チップのアイデアを練りながら作った会社だ。その新興企業が、２０２４年6月、一時的だが時価総額世界一に上り詰めた。

生成ＡＩによる情報の急速な民主化が一段と進めば、世界中のどこから、そんなスター企業が出てこないとも限らない。この停滞した日本からでさえ。

「やってみなはれ」の風潮が広がれば……

「ＡＩ百姓」が広がっていっても、おそらく、最大の難関は、企業の経営層だ。リーダーである経営層の理解があるかどうかで、結果は大きく変わる。

日本の企業経営者には、昭和の高度成長期に入社し、同じ会社で何十年も勤めてきた人も多い。運よく社長になれたら、最大の関心事は、自分の任期中に売り上げや利益が少しでも伸びること。そのためには、コストカットが最重要になりがちだ。

そこへ、若手社員が「私は生成ＡＩを活用して、技術開発と営業の二刀流で1番になる」

とか「5年か10年、日の目をみないかもしれないが、未知の分野に取り組んでみたい」と提案してきたら、どう答えるだろうか。「そんなことができるわけがない」とか「そんなに長い間待てるか」が関の山だろう。

米大リーグで活躍するドジャースの大谷翔平選手をはじめとするスポーツやスタジオジブリのアニメ、漫画で頂点を目指し、実際に世界的な成功を収めるケースが増えている。だが、彼らが戦っているのは、あくまで実力の世界。政府などの公的支援や補助金とは無縁だ。無難に振る舞って、上司に胡麻をすったからといって、成果が出せるわけでもない。

日本企業は、昭和流の横並びの発想を捨てられるだろうか。サントリーの故佐治敬三社長は、部下がとても達成できないと思われる難題へのチャレンジを提案してくると、「やってみなはれ」とゴーサインを出したという。ウイスキーでトップの座にいた同社が、ビール事業に乗り出したのも、その一例だ。内に籠もるばかりではなく、そんな風に言える風潮が企業社会に広がれば、10年後の日本にも、まだ望みはあるはずだが……。

昭和からトップを務める「中興の祖」ではなく若返りを

２０２３年３月、東京証券取引所が、上場企業に対し、資本コストや株価を意識した経営の実現を要請した。その結果、１年余り経って、問題にされたＰＢＲ（株価純資産倍率）１倍割れの上場企業が大きく減った。東証プライム市場では、ＰＢＲ１倍超えの企業が全体の６割を占め、１年前の５割から上昇した。海外ファンドなど、いわゆる「モノ言う株主」に強く求められたケースも少なくないとみられる。

ＰＢＲは、時価総額を会計上の純資産で割って計算する。ＰＢＲが改善した企業の多くがとった対策は、即効性のある増配や自社株買いといった株主還元の拡充だった。これらの対策で純資産を減らすことで、１倍以上を目指したのだ。

だが、本来、分母である純資産を減らすのではなく、分子の時価総額を増やす、すなわち、成長戦略を示して市場に評価され、株価を上げるのが王道。それがなければ、中長期的にはＰＢＲは改善しない。

日本経済新聞によれば、株主還元の効果は長続きしない場合も多い。自社株買いを発表し

図表7-1　海外勢の現物買いが日本株上昇をけん引

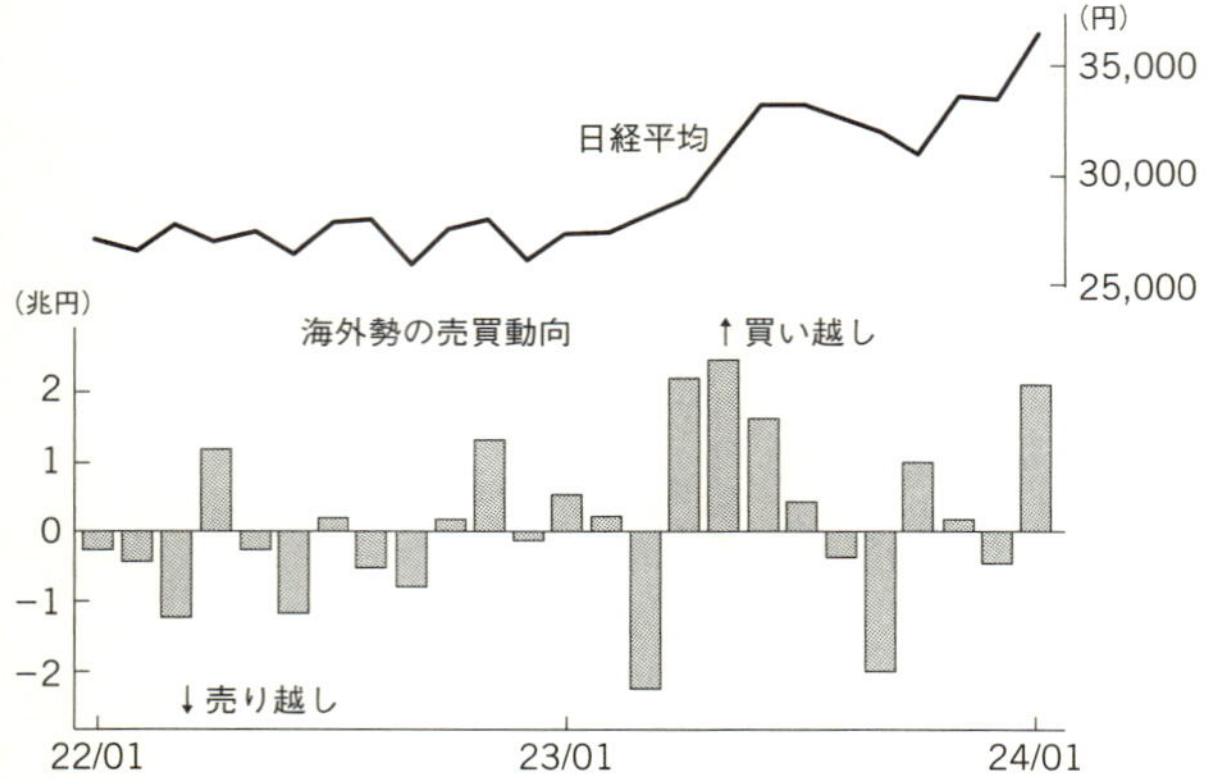

（出所）日経電子版2024年2月8日「日本株高、海外勢が支え　1月の買越額は歴代7位」

て、いったんはPBRを1・2倍近くまで押し上げたものの、その後、また1倍前後に戻ってしまった例もある。倍率が4倍以上の米国企業や2倍程度の欧州企業に比べれば、まだまだ低い。長年、会社の価値を高めて株価を上げる努力を怠ってきたツケを払い切るには、まだまだ時間がかかりそうだ。

経営者の若返りも、なかなか進んでいない。大企業の一部には、昭和時代に社長に就任し、平成を超えて会長を務め、令和の今も実質的にトップ、というところもある。そういう会社で、女性の積極的登用やAI革命への挑戦といった、過去にないオペレーションができるのか、疑問だ。これは、政府でも自治体でも同じである。

政治的自由は貴重な財産

おしまいに、日本という国が持つ優位性、アドバンテージについても、指摘しておこう。

21世紀に入って、中国や韓国が台頭するにつれ、日本は国際外交面では、どんどん地位が低下していた。ところが、2022年2月のロシアによるウクライナ侵略で、局面が変わってきた。

世界が米欧日などの西側諸国とロシアや中国、イランなどの権威主義国家陣営とに分かれて対立する〝新冷戦〟。そのもとでは、ユーラシア大陸の東の端に位置する西側自由陣営の大国という地政学的立場から、図らずも日本の重みが増している。

米中対立や、中国で相次ぐ米欧人や日本人の逮捕などにより、中国離れに動く欧米企業や投資家は今、日本に注目している。この国には、まだまだ昭和型のJTCも多いが、独自の技術やアイデアを持った企業も少なくないことが知られてきた。円安もあって、日本の株高に貢献している。

地球儀を回してみると、北半球のインドから東、太平洋までの地域で、政治的な自由が欧米なみにある国は、日本くらいだ。日本を訪れている中国人観光客の表情が生き生きしている理由は、美味しいものが安く食べられ、電気釜やサプリメントが買えることだけではない。

日本では、何をしゃべっても自由で、たとえ政府の批判をしたとしても、官憲に咎《とが》められることもない。この事実は、実は重要なメリットだ。実際に日本へ来てみれば、安定した社会や穏やかな国民性なども自然に伝わるだろう。

こうしたアドバンテージは、今や数少ない日本の手持ちカードだ。これは、大事にしていかなければならない。その効力が消えないうちに、昭和型や高度成長期流の時代遅れになっている法制度や経営スタイル、習慣をどれだけ早く終わらせられるかに、この国の将来が懸かっている気がしてならない。

おわりに　さっさと終わらせよう——まだまだ残る不可解な昭和

1926年9月、つまり大正15年生まれの星新一は、昭和の初めから生きた大先輩だが、筆者も昭和生まれの昭和育ち。決して、昭和嫌いではない。昭和という時代を否定しているわけでもない。敗戦の焦土から立ち上がり、日本人らしい集団エネルギーで欧米を圧倒して、輝いていたあの時代。公害などの問題も抱えながら、概《おおむ》ね、将来への希望や幸福感があふれていた。テレビドラマの主人公が抱える悩みは、がんなどの難病が多かった。つまり、豊かさを手に入れたあの頃、不治の病以外はなんとかなる時代だった。

だが、昭和が終わって10年、20年と経つうちに、明らかに世界の発展から取り残され、何かがおかしい、これで日本は先進国と言えるのか、と違和感を覚えるようになった。

最初に、はっきりとそれを感じたのは、本文でも触れたが、1995年（平成7年）1月の阪神・淡路大震災を取材した時だ。被災者の避難所は、多くが小学校や中学校の体育館。

寒い時期に、冷たい板張りの床に薄いシートや毛布一枚を敷いただけの状態。暖房もない場所で肩を寄せ合っていた。

国民が最も困った時に、ろくな手当てができない行政や、呆れるほど動きの鈍い政治のレベルの低さに、強い不信感を覚えた。

その後の東日本大震災や熊本地震、２０２４年１月の能登半島地震でも、災害対策の貧しさは基本的に変わっていない。いつまで経っても、昭和と同じ姿のままで放置されている。

昭和１００年を迎えるのを機に、もう、こんな昭和の負の遺産にサヨナラを告げてもいいだろう。戦後の日本の復興から高度成長に至る過程は、奇跡と呼ばれ、それは世界に誇るものだったが、その神通力も戦後80年の時を経《へ》て、衰えているのは明らかだ。

そんな問題意識から、２０２２年11月に「さっさと昭和を終わらせよう」、23年5月に「錆びついた神話」という記事を『ニュースソクラ』（現在は休刊）というネットメディアに寄稿した。その2つの記事が元となって、本書は生まれた。

２０２３年から24年にかけて起きた様々な衝撃的出来事は、昭和の負の遺産、矛盾がとうとう閾値《いきち》を超え、あちこちで破裂し始めたように、筆者には感じられた。

原稿を書き上げる前に、NHKのトーク番組にチャンネルを合わせたら、災害時の避難所の問題を取り上げていた。出演した避難所・避難生活学会常任理事の榛沢《はんざわ》和彦新潟大特任教授の話に目も耳も釘付けになった。

日本の避難所は、20年以上前からほとんど変わっていない。それに比べ、日本と同様、地震などの災害が多いイタリアでは、避難所とは、食糧や寝る場所、トイレ、シャワーなどを、発災から48時間以内に整え、普段に近い生活ができるよう提供する場所であり、被災者が我慢をする場所ではない、と紹介。ポイントは、自治体任せにせず、国が直轄で被災者支援に当たること、と力説していた。

これだと思った。榛沢教授が監修・執筆した避難所に関する本には、東日本大震災の2カ月後の避難所の写真をイタリア北部地震の1カ月後の現場で見せたところ「クレイジー」「政府は何をやっているのだ」と呆れられた、というエピソードも書かれていた。目標ははっきりしている。後は、実現に向けて走るべきだろう。

日本には、こうした不可解な話がまだまだある。昭和生まれのシンガーソングライター、松任谷由実さんは、「目にうつる全てのことはメッセージ」（『やさしさに包まれたなら』）と歌っている。この詩人の言葉を探照灯として、世の中に目を凝《こ》らし、さっさと昭和を終わらせよう。戦後を乗り越えよう。寂しい「昭和なニッポン」ではなく、誇るべき「令和なニッポン」をつくろう。

それが、この時代を生きる私たちの使命だと思う。

謝辞

この本を出版するに当たって、元日本経済新聞論説委員の森一夫さんには、アイデア段階からひと方ならぬお世話になりました。深く感謝します。日本経済新聞ＯＢ、ＯＧの細野孝雄さん、柴田仁さん、船田紀明さん、下山明さん、山脇晴子さん、テレビ愛知ＯＢの加藤昌宏さんにも数々の明快で鋭いご意見、ご指摘、温かい励ましを賜りました。心よりお礼を申し上げます。もとより、本書の内容についての責任は、全て筆者にあります。末筆ながら、日経ＢＰ編集者の長澤香絵さんには、いつも的確なご示唆をいただき、刊行まで導いてくださったことに深謝します。

参考文献

野口悠紀雄『1940年体制　さらば戦時経済』（東洋経済新報社）
野口悠紀雄『戦後経済史　私たちはどこで間違えたのか』（日経ビジネス人文庫）
ジョージ・フリードマン、濱野大道訳『2020-2030　アメリカ大分断　危機の地政学』（早川書房）
唐鎌大輔『「強い円」はどこへ行ったのか』（日経プレミアシリーズ）
唐鎌大輔『弱い円の正体　仮面の黒字国・日本』（日経プレミアシリーズ）
中藤玲『安いニッポン「価格」が示す停滞』（日経プレミアシリーズ）
田中圭一『百姓の江戸時代』（ちくま学芸文庫）
渡辺尚志『百姓の力　江戸時代から見える日本』（角川ソフィア文庫）
井塚政義・飯田賢一監修、種子島開発総合センター編『鉄砲伝来前後――種子島をめぐる技術と文化――』（有斐閣）
宇田川武久『真説　鉄砲伝来』（平凡社新書）
山本茂実『新版あゝ野麦峠　ある製糸工女哀史』（朝日新聞社）
星新一『ボッコちゃん』（新潮文庫）
小松左京『日本沈没』（上、下）（角川文庫）

写真提供

日本経済新聞社（P49、P71、P169）、共同通信社（P100、P111、P154、P157）

大橋牧人《おおはし・まきと》

ジャーナリスト、元日本経済新聞編集委員。慶応義塾大学経済学部卒、1975年（昭和50年）、日本経済新聞社入社。大阪社会部、東京社会部、日経ビジネス編集部記者、シンガポール支局長、東京社会部編集委員、NIKKEI X編集委員、経済解説部次長、長野支局長、大阪地方部長、生活情報部編集委員、日本経済研究センター事務局長補佐、テレビ愛知常勤監査役など。東南アジアを中心とするアジア情勢、地方の経済社会、情報社会、皇室などをフォロー。日本記者クラブ会員。

日経プレミアシリーズ｜517

それでも昭和《しょうわ》なニッポン
100年《ねん》の呪縛《じゅばく》が衰退《すいたい》を加速《かそく》する

二〇二四年九月九日　一刷

著者　大橋牧人
発行者　中川ヒロミ
発　行　株式会社日経BP
　　　　日本経済新聞出版
発　売　株式会社日経BPマーケティング
　　　　〒一〇五―八三〇八
　　　　東京都港区虎ノ門四―三―一二

装幀　ベターデイズ
組版　マーリンクレイン
印刷・製本　中央精版印刷株式会社

ISBN 978-4-296-12069-7　Printed in Japan
JASRAC 出 2406233-401